dtv

Schon Schopenhauer fand: »Das Schachspiel übertrifft alle anderen Spiele so weit wie der Chimborasso einen Misthaufen.« Jeder begreift diesen klaren Satz. Die kleine Philosophie des Schachs erfordert, wie jede anständige Philosophie, keine Spezialkenntnisse. Das Buch handelt nicht von Partien, sondern Spielern, sogar von unbegabten und daher uns möglicherweise nahestehenden. Es schildert die Absonderlichkeiten der Schachwelt, des Schachdeutschs, der Schachtypen, Schachclubs und -turniere. Der Autor hat gutgelaunt und nervenstark geschrieben, denn er saß am Schreibtisch, nicht am Schachbrett, und hatte keine Niederlage zu fürchten.

Roswin Finkenzeller, geboren 1934 in Berlin, wohnt in München und schreibt seit Jahrzehnten in der ›Frankfurter Allgemeinen Zeitung‹ nicht nur, aber auch über Schach, das er selbstverständlich spielt. Auf die Frage, wie gut, pflegt er zu antworten: »Der Musikkritiker singt auch nicht das hohe C.«

Roswin Finkenzeller

Schach

Kleine Philosophie der Passionen

Deutscher Taschenbuch Verlag

Originalausgabe
Januar 1999

Umschlagkonzept: Balk & Brumshagen
Umschlagbild: © Alfons Holtgreve
Satz: Design-Typo-Print GmbH, Ismaning
Gesetzt aus der Bodoni Book 12/14 Punkt (QuarkXPress 3.32 Mac)
Druck und Bindung: C.H. Beck'sche Buchdruckerei, Nördlingen
Gedruckt auf säurefreiem, chlorfrei gebleichtem Papier
Printed in Germany · ISBN 3-423-20218-1

Inhalt

Schach?

Als Frage genügt das. Längere Formulierungen sind unhöflich, etwa die: »Aber sonst bist du normal, nicht wahr?« So wird einfach das entscheidende Stichwort wiederholt, wenn auch mit dem Vibrato des Zweifels an Nutzwert und Lustgewinn. In solche Einsilbigkeit soll sich vor allem flüchten, wer von einem Menschen befremdet, aber schon in ihn verknallt ist. Beginnt die Vokabel wie hier mit einem Sch-Laut, kann zur Verdeutlichung die Oberlippe hochgezogen werden, so daß die Nase sich kräuselt.

Dagmars Nase kräuselte sich stark. Eigentlich hatte sie, ohne zu wissen, warum, vom Schach eine hohe Meinung, dafür aber, gleichfalls ohne Grund, von Schachspielern eine um so geringere. Die Mitteilung, genau so einer sei er, hielt Lukas für eine Mitteilung, Dagmar für eine Art Beichte. Fortan versuchte sie, das heikle Thema zu meiden, was ihr so lange glückte, bis sie sein Zimmer zum ersten Mal betrat.

Die Dinge sind stumm, lügen also nicht. Schachfiguren, die in bevorzugter Lage, nämlich in der Mitte des Zimmers, zum Teil ein Schachbrett, zum Teil den ganzen Tisch bevölkern, verkünden wahrheitsgemäß, daß sie bevorzugt werden, daß sie immer griffbereit und stets einsatzfähig sein müssen.

Dagmar hätte jeden Eid geschworen, auf das Zeug aus Holz nicht eifersüchtig zu sein. Es wäre immer ein Meineid gewesen. Verwandte Schwüre wären ihr an einem Freitagabend über die Lippen gekommen, als sie Lukas nachspionierte. Sie konnte es kaum fassen. Im Erdgeschoß eines Hauses, das auf sie wie ein Absteigequartier wirkte, traf sich Lukas nicht mit einer Frau, wohl aber mit drei Dutzend Vereinskameraden, darunter seltsame Typen. Dagmar war beruhigt und bat ihn, als sie am nächsten Tag auf einer Wiese lagen, ihr zu erzählen, was es mit dem Schachspiel auf sich habe.

Die Lehre vom Schach ist, recht betrachtet, ein Faß ohne Boden. Wer sich darauf einläßt, kommt vom Hundertsten ins Tausendste. Schach hat etwas mit Geschichte und Konvention, mit Kenntnis und Gedächtnis, mit Übung und Überlegung, mit Psychologie, mit Wettbewerb und mit Organisation zu tun. Alles hängt mit allem zusammen. Bei einer derartigen Vielfältigkeit fällt es schwer, im Vortrag innezuhalten.

Lukas hielt erst inne, als er merkte, daß Dagmar sich mitnichten bemühte, Sinn und Gehalt seiner Ausführungen zu erfassen, sondern nur – so ihre Ausrede – seiner angenehmen Stimme lauschte. Dagmar fand, das sei ein Kompliment; Lukas sah das anders und redete von einem Mangel an Sachlichkeit. Den gleichen Vorwurf erhob er eines Abends nach zwei Siegen im Rasenschach. In einer städtischen Parkanlage hatte er einen Rentner, den er keines Blickes gewürdigt hätte, wenn Dagmar nicht auf einen Kräftevergleich erpicht gewesen wäre, erbarmungslos als Stümper und Patzer entlarvt. Er verstand nicht, wie jemand hinterher behaupten konnte, es wäre anständig gewesen, den alten Herrn wenigstens einmal gewinnen zu lassen.

Nichts ist so ernst wie das Spiel.

Das sah alsbald auch Dagmar so, denn an einem anderen Freitagabend, den mit ihr zu verbringen sie ihn herzlich gebeten hatte, verlor er bei einem Gastspiel im Nachbarclub eine schwierige Turnierpartie. Dagmar brachte es rhetorisch fertig, voller Hohn die Blamage im Leistungsschach mit dem Triumph über einen armen Rentner zu verknüpfen. Da war es gut, daß am nächsten Freitagabend Lukas eine Turnierpartie gewann und Dagmar den Klang seiner Stimme einzuschätzen wußte, denn sie hörte heraus, daß der Gegner durchaus gefährlich und der Erfolg wahrhaftig nicht leicht zu erringen gewesen war. Da ihre Vorstellungen vom Schach immer freundlicher wurden, bekam sie in einer trauten Stunde folgendes zu lesen:

»Der richtige Standpunkt ist es, zu seinem Vergnügen zu spielen, und man glaube ja nicht, daß der Genuß proportional dem Können sei. Der eigentliche, feinste Reiz des Schachspiels liegt darin, daß man dabei geistig produktiv tätig ist. Das Schach hat wie die Liebe, wie die Musik die Fähigkeit, den Menschen glücklich zu machen.«*

Dagmar las diese Sätze zweimal. Sie war gerührt, weshalb sie sich ungerührt zeigte. Immerhin war sie so angetan, daß sie darauf verzichtete, die naheliegende Frage nach dem relativ größeren Glück zu stellen oder die, ob ein ehrgeiziger Spieler den erwähnten richtigen Standpunkt nicht schon längst aufgegeben habe. Außerdem erinnerte sie sich nach einiger Zeit an »diesen Karrasch«, was einer Huldigung an Tarrasch gleichkam,

* Siegbert Tarrasch: ›Das Schachspiel‹.

denn andere Namen pflegte sie gründlicher zu verstümmeln. Dies wiederum verführte den angeregten Lukas zu einem taktischen Fehler, einer Suada über Schach und Aristoteles, den weisen Nichtspieler.

Zu unterscheiden ist zwischen »Akt« und »Potenz«. Als Demonstrationsobjekt eignen sich Schachfiguren besonders gut, auch wenn Aristoteles an sie nicht gedacht hat. Kein Akt, lehrt er, ohne entsprechende Potenz. Tatsächlich muß ein Stein seit jeher Dame sein, um plötzlich kreuz und quer, doch immer schnurgerade, über das Brett fegen zu können. Umgekehrt keine Potenz ohne Akt, wie denn der Spieler auf die Dame, die vor Beginn der Partie regungslos dasteht, nur deshalb nicht leichten Herzens verzichtet, weil er die Dynamik kennt, die sie alsbald entfalten wird. Oder der Turm, der Eckensteher ...

Lukas kam nicht dazu, sich dem Turm zu widmen, denn plötzlich fiel ihm auf, wie unverschämt Dagmar grinste. Sie prustete nicht, sie bog sich nicht vor Lachen, doch offenbar erwog sie die Bedeutung des Begriffspaars auf unphilosophische Weise. »Potenz, Akt«, kicherte sie noch Wochen später. Wieder war es ein Kompliment, wenngleich ein unwillkommenes, denn immerhin ließ sie sich durch den Kopf gehen, was er damals doziert hatte. Irgendwann fand Lukas auf seinem Tisch nur 31 Steine vor. Ein schwarzer Bauer fehlte. Er lag weder im Mülleimer, noch zwischen den Pullovern, noch unter dem Teppich. Dagmar hatte ihn stibitzt. Als sie beim nächsten Besuch ihre Faust öffnete und ihn lachend präsentierte, rief sie: »Kein Akt, weil keine Potenz.« Da Lukas beleidigt sein wollte, reizte sie ihn mit weiteren

Argumenten, die indes zeigten, wieviel sie schon von seinem Spiel begriffen hatte.

Schach ist Geist und nicht Materie. So wenig der Bauer einem säenden und erntenden Landmann entspricht, so wenig muß er unbedingt aussehen, wie er aussieht. Ein anderes Stück Holz, ein Männchen etwa aus der uralten Mensch-ärgere-dich-nicht-Schachtel, tut es zur Not auch, wenn nur die Regeln eingehalten werden. Doch ganz abgesehen davon benötigt der erfahrene Spieler überhaupt keinen Anblick. Er stellt sich Felder und Figuren vor, schaut in die Luft und kombiniert »blind«.

Dagmar gebrauchte den Fachausdruck »blind« ganz richtig, was Lukas zwar mitbekam, in seiner Wut aber nicht zu schätzen wußte. Ungeachtet aller Geistigkeit, schnaubte er, müßten die Figuren komplett sein, was sie übrigens nur zu gut wisse, denn wüßte sie es nicht, hätte sie ihn auch nicht bestohlen. Er sagte wirklich »bestohlen«. Sie sah ein, daß es ein Fehler gewesen war, und beging aus Reue einen zweiten, kostspieligeren. Er hatte Geburtstag, und sie schenkte ihm ein wahres Kunstwerk – wertvolles Material, ausschweifende Phantasie, gediegene Arbeit, verschwendet an ein Brett und einen Figurensatz. Lukas lobte das Geschenk, gebrauchte es aber nie und nimmer. Dagmar hätte beide Könige stibitzen können, ohne daß er es gemerkt hätte. Dagmar schmollte, sah dann aber ein, daß sich sein Geist von üppiger Materie nicht ablenken lassen wollte – ein Geist, den sie allmählich zu sehen, genauer am Augenausdruck, an der Kopfhaltung und an der Rötung der Haut abzulesen lernte. Wenn sie ein Turnier besuchte, was ihr allmählich Spaß machte, obwohl für sie dort nur böhmische Dörfer aufgebaut wurden, sah sie ihren Lukas an und wußte sofort, wie es um ihn stand, ob er gewinnen, verlieren oder remisieren werde. Nie aber legte sie es darauf an, ihn zu irritieren. »Weiber gibt es«, sagte sie zuweilen und erzählte von einer hübschen Geschlechtsgenossin, die mit ihrer Anwesenheit einen gewissen »Casablanca« – sie meinte Capablanca – so aus der Fassung gebracht habe, daß er die Partie verlor. »Männer gibt es«, dachte sie aber auch, denn manchmal spürte sie, wie er sie streichelte und in Gedanken betrog. »Du«, sagte sie dann, »ich bin nicht das Feld c5.« Trotzdem sprach sie jenes einsilbige, jenes wichtige Wort jetzt ganz anders aus als früher.

Beim Sch-Laut können die Lippen stolz nach vorn schnellen. Hierauf nimmt der Vokal a Trompetenklang an. Einem Dritten bleibt es unbenommen, aus dem einzigen Wort das Verdikt herauszuhören: »Und du wärst wahrscheinlich zu dumm dazu.«

Wer ist geborener Schachspieler?

Bauern – gemeint sind ausnahmsweise die vom Land, nicht die aus Holz – sehen nicht mehr wie Bauern aus. Kein Rest von Erdenschwere verunziert ihren elastischen Gang; kein Rest von Scholle klebt an ihren modischen Schuhen. Manche Hände sind feingliedrig, manche Gesichter so bleich, als seien sie nicht der Landwirtschaft ausgesetzt, sondern der Luft im Landwirtschaftsministerium. Van Goghs Sämann wirkt heute unstandesgemäß. Auch Schalterbeamte sehen nicht mehr wie Schalterbeamte aus, besitzen vielmehr muntere Augen und einen an Wassersport erinnernden Teint. Die Berufsbilder wechseln und mit ihnen die Bilder der Berufsangehörigen. Die äußeren Unterschiede zwischen Lokomotivführern, Vorstandsvorsitzenden, Barkeepern und Fundamentaltheologen haben sich verwischt. Und Schachspieler täuschen darüber hinweg, daß sie Schachspieler sind, entbehren zum Beispiel eines bohrenden, nach innen gerichteten Blickes.

Die Leidenschaft und die Raffinesse sieht ihnen niemand an der Knollen-, Adler- oder Stupsnasenspitze an. Dabei brauchen die Schachspieler den Kopf unentwegt und nicht, wie die Fußballer beim Kopfball, nur gelegentlich. Sollte nicht überhaupt der wahre Adam oberhalb des Adamsapfels zu finden sein? Nach der Befruchtung der Eizelle entwickelt sich der Embryo auf eine für das Menschengeschlecht schmeichelhafte Weise. Der würdigste, weil wuchtigste Körperteil ist der

Kopf. Der Rumpf und die Gliedmaßen sind Anhängsel, deren Spillrigkeit auf ihren Minderwert verweist. Geplant ist offenbar ein denkendes, weniger ein Sport treibendes Wesen. Doch schon beim Fötus gewinnen ungeistige Komponenten wie Brust und Bauch an Bedeutung, erst recht beim Baby, das unterhalb der Kinnlade auf Wachstum setzt. Was schließlich dabei herauskommt, ist ein Geschöpf, das für die Verdauung von Speisen mehr Platz hat als für die Verarbeitung von Gedanken.

Der Entschluß, so und nicht anders zu ziehen, entspringt aber dem Kopf. Die Finger, die untätig am Handteller baumeln, es sei denn, sie packten gerade einen Läufer oder Turm, sind ausführende Organe ohne Selbstbestimmung und könnten theoretisch von Gicht gezeichnet sein. Mit dem Po ist es etwas anderes. Ihn ehren die Schachspieler, wie ihm auch Manager und Minister Reverenz erweisen, indem sie nicht von Überlegung zu Überlegung, sondern von Sitzung zu Sitzung eilen. Im Schach ist »Sitzfleisch« ein Terminus technicus, ein plastisches Synonym für Ausdauer. Ihr Sitzfleisch, nicht ihren geschärften Geist, entspannen die Großmeister bei ihren gelegentlichen Spaziergängen durch den Turniersaal. Vielleicht hinkt der eine oder andere und gewinnt den Kampf trotzdem. Ein Pokerface aber muß er machen.

Das ist ein Gesicht, in dem nichts steht, höchstens Bartstoppeln. Nichts zeichnet sich in ihm ab, vor allem kein Glück über einen unverhofften Einfall oder Verblüffung über die eigene Intelligenz. Der Gegner soll nicht wissen, woran er ist. Nun stellen sich auch sonst kluge Leute gern dumm, während in der Nervenheilanstalt die Bemerkung »Herr Doktor, ich bin hochintelligent« vom Anstaltsarzt als Zeichen von Unheilbarkeit gedeutet wird. Extra dumm aus der Wäsche gucken sollte jedoch der Spieler ebensowenig, weil das Argwohn auslösen könnte und daher verstärkte Geistestätigkeit der Gegenseite. Also weiterhin Pokerface. Soll doch Schwarz die weiße Stellung für stabiler halten, als sie ist. Soll doch Schwarz die rettende Kombination erst ahnen, wenn kein Geistesblitz sie mehr verhindern kann. Von den Augen- bis zu den Mundwinkeln sei das Mienenspiel neutral. Gut trifft es sich, daß der Turnierhase kaum reden darf und folglich keine Wortwahl ihn verrät. Für eine Meisterkarriere ist Mundfaulheit eine gute Voraussetzung. Es finden sich jedoch noch bessere. Prädestiniert für das Schachspiel sind folgende Typen, wobei mit Typen natürlich nicht Pykniker oder Leptosome gemeint sind, sondern zum Beispiel ...

Opportunisten. Wie schön, denn somit wird es nie an Nachwuchs fehlen. Ob 97 oder 94,5 Prozent der Menschen Opportunisten sind, sei dahingestellt. Jedenfalls tarnen sie sich, indem sie auf den Opportunisten schimpfen. Unter Opportunisten herrscht Wettbewerb, weil jeder zusehen muß, wo er bleibt. Einem derartigen Menschen vorzuwerfen, er handle gegen seine innere Überzeugung, setzt die Annahme voraus, eine solche sei vorhanden. Der Opportunist ist zwar egozentrisch, nicht aber ichbezogen wie gewisse versponnene Naturen, die immer wieder glauben, die Welt gehe sie nichts an. Vielmehr nimmt er, durchaus kein Trotzkopf, die Welt und ihre Bretter so ernst, daß er sich noch situationsgerechter benimmt als andere Sterbliche. Wie hält es der Volksmund mit dem Teppich? Er empfiehlt, darauf zu bleiben. Wie mit der Decke? Er rät, sich nach ihr zu strecken. Wie mit der Wand? Er mißbilligt jede Tendenz, mit dem Kopf hindurch zu wollen. Schachspieler sind zum Opportunismus verurteilt. Die einen lauern auf Gelegenheiten, die anderen führen sie herbei, um sie dann beim Schopf zu packen. Alle zerbrechen sich den Kopf nur über die eine Stellung, die sie vor Augen haben. Die Könner leiten die schwachen Züge des Gegners wie Wasser auf ihre eigenen Mühlen. Wer gewinnt, hat seine Chancen genutzt, wer verliert, hat sie vertan. Es gewinnen und verlieren aber die...

Rechthaber. Wie schön für das deutsche Schach. Wie sagt der Deutsche doch so gern zu einem ihm zufällig sympathischen Landsmann, wenn diesen die Streitlust gepackt hat? Aufmunternd, anstachelnd sagt er: »Das ist Ihr gutes Recht.« Es klingt, als gäbe es bei uns auch schlechtes Recht, doch wir wollen nicht streiten, wir nicht, obwohl es, gemessen an der strafmündigen Bevölkerung, nirgends so viele Richter gibt wie in Deutschland. In Hunderten von Gerichtssälen wird Tag für Tag die Zivilsache Dickkopf gegen Sturschädel verhandelt. Schach ist der ideale Denksport für Rechthaber. Kaum zu fassen, welche Genüsse da ihrer harren: Immer eine Gegenposition vertreten müssen, stets dazwischenfunken dürfen, erst im letzten Moment klein beigeben sollen und trotzdem noch das letzte Wort haben können. In ihrem Element sind außerdem die...

Dezisionisten. Das sind Personen, die rasch und sicher entscheiden, es aber noch nicht wie die Rechthaber zu einer bodenständigen deutschen Bezeichnung oder wie die Opportunisten wenigstens zu einem eingebürgerten Fremdwort gebracht haben. Wer die Entscheidung scheut, ist ein dummer Mensch, der nicht weiß, wie klug er im Augenblick ist. Wer die Entscheidung fällt, ist ein kluger Mensch, der nicht weiß, wie brutal er gerade handelt. Was es mit Entscheidungen auf sich hat, wird in der englischen Übersetzung deutlicher: a decision. Mit seinem bösen Zischen paßt dieser Ausdruck zu der intellektuellen Hinrichtung, die er umschreibt. Wie manches entseelte, aber glasklare Wort ist er lateinischen Ursprungs. »Decidere« heißt »abschneiden«, »abhauen« und leitet sich von »caedere« ab, was »töten« bedeutet. Wem oder was machen die Entscheidungen den Garaus? Der Alternative, der dritten und vierten Möglichkeit. Etliche bisher offengehaltene Türen fallen krachend ins Schloß. Hamlet, der unschlüssige Befehlsempfänger, der seinen Stiefvater zu Beginn der großen Pause längst hätte umgebracht haben sollen, mag sich nicht entscheiden, aus Furcht vor der Unumkehrbarkeit. Er spürt, daß ein lebender Schurke wie der Stiefvater durchaus ein Todeskandidat, ein toter Lump aber nicht gleichzeitig lebendig sein kann. Womit gesagt sein soll, daß Hamlet kein Talent zum Schach hat. Entscheidungen fällen mag so roh sein wie Bäume fällen. Der Schachspieler jedoch, schließlich läuft die Schachuhr, ist zu solcher Härte gegen sich selbst unablässig verpflichtet. Manche Kommentatoren, die für das Schach Reklame machen wollen, unterstellen den Spitzenspielern sogar intellektuelle Blutrünstigkeit. Einst wurde dem an Mattangriffen desinteressierten Teil der

Öffentlichkeit die Kunst Bobby Fischers mit der Halbwahrheit schmackhaft gemacht, der Amerikaner verfüge über einen Killerinstinkt. Pseudopsychologen ließen sich nicht lumpen und warteten mit der Unterstellung auf, schon dem talentierten Patzer gehe es darum, das Ego des Gegners auszulöschen. Eine kleine Übertreibung. Dennoch eignen sich für unser Spiel...

Menschenfeinde. Als Individuum verflüchtigt sich der Gegner. Zuerst hat er Weiß, nach vielen reiflichen Überlegungen aber wird und ist er Weiß. Bauern und Offiziere sind aus Holz oder einem undefinierbaren Kunststoff, nie aber aus Fleisch und Blut. Die Ähnlichkeit etwa zwischen der weißen, der schwarzen und den wirklichen Damen ist nicht einmal an den Haaren herbeizuziehen. Der Menschenfeind, offenbar eine Person mit zu gutem Geschmack, tritt in der Literatur bedauerlicherweise selten auf. Es hat sich herausgestellt, daß dem anspruchsvollen Typ selbst Molière nicht gewachsen war. Ein ordentlicher Menschenfeind, er äußere sich in Versen oder in Prosa, hat gefälligst ein gebildeter, weltläufiger Mann von tadellosen Manieren zu sein, denn tadellose Manieren sind ein probates Mittel, sich die Leute vom Leib zu halten. Er macht, wenn es denn sein muß, anderen Menschen, nie aber sich selbst das Leben schwer. Alceste hingegen, Molières Misanthrop, quält sich vom ersten bis zum fünften Akt. Dieser Perückenträger ist bestenfalls ein Anfänger, der 17 oder 19 Akte bräuchte, um sich zu einem reifen, selbstbewußten Menschenfeind zu mausern. Vor allem fehlt es Alceste an Menschenkenntnis, der Voraussetzung für eine solide, durch Liebenswürdigkeiten und anderes Blendwerk nicht aus dem

Gleichgewicht zu bringende Misanthropie. Schon in der ersten Szene des ersten Aktes wird offenkundig, wie falsch das Feindbild ist. In seiner Harmlosigkeit begnügt sich Alceste damit, den Menschen Mangel an Aufrichtigkeit vorzuwerfen. Selbstverständlich hat der kluge Molière keine Probleme, durch den Mund des Dialogpartners Philinte die zivilisatorischen Segnungen der Unaufrichtigkeit gebührend zu würdigen, worauf der Vorhang fallen könnte, wäre da nicht der Zwang, einen Abend mit Text zu füllen. Männer wie Alceste sollten vom Schach die Finger lassen, nicht aber geübte...

Feindbildner. Die Verächter der Feindbilder erklären selten, wieso es unklug sei, sich vom Feind ein Bild zu machen. Der einzige, von dem sich früher der Christ kein Bild machen sollte, war Gott, das pure Gegenteil eines Feindes. Auch setzen sich viele Personen derart in Szene, daß sich ein widerwärtiges Bild wie von selbst zusammenfügt. Von einem mißgünstigen Menschen einen kompletten Eindruck zu gewinnen, kann dennoch schwierig sein, zumal in Friedenszeiten. Im Krieg, da verrät sich der Feind durch seine Uniform, seine Ruppigkeit und seinen Sinn für Zerstörungen. Im Frieden aber benehmen sich die Feinde wie Freunde, kommen in Zivil daher, sind weder atomar noch konventionell gerüstet und betreiben mit Höflichkeitsfloskeln Desinformation. Ein tüchtiger Schachgroßmeister trägt Dutzende von Feindbildern mit sich herum, gehört es doch zur Pflege der eigenen Karriere, den Gegner geistig zu fixieren, bevor er sich in Schwarz oder Weiß verwandelt. Alexander Aljechin, mit einem Anonymus konfrontiert, kündigte milde an, er werde mit einem Turm weniger spielen. Die Geringschätzung löste den Protest aus: »Aber Sie kennen mich doch gar nicht.« Die Erwiderung: »Eben deshalb.« Das entsprach dem kränkenden, weil friedlichen Feindbild, das sich der Meister von einem Patzer macht, dessen Gesicht der Fachwelt nicht vertraut ist.

Wie wäre es mit etwas Weltflucht? Leider hat die noch nie richtig funktioniert. Der Chefmanager, der zuhause sagt, er hole schnell mal Zigaretten am Kiosk, in Wirklichkeit aber Reißaus nimmt, um in weiter Entfernung an einem exotischen Strand einen Bootsverleih zu eröffnen, flieht nicht die Welt, sondern nur Firma und Familie. Auch unsere Aussteiger bleiben auf der Kugel, die sich zuverlässig dreht, beanspruchen die Bahnhofsmission oder andere dauerhafte Einrichtungen des Bürgertums. Seit Beginn des frühen Mittelalters treten Männer, denen nichts mehr paßt, nicht einmal mehr die Schönheit der Frauen, in ein Kloster ein. Welt ist aber auch ein Kloster, sogar eine Welt für sich, wie außerhalb seiner Mauern immer wieder mit kaum verhohlener Schadenfreude angemerkt wird. Soll der Weise Einsiedler werden? Da wäre er schön dumm, denn ein Posten, auf dem ihm niemand die Arbeit abnimmt, taugt nichts. In dieser Weltlage bietet sich das Schach an. Der Spieler entsagt der Welt zwar nur stundenweise, dafür aber gründlich, denn wenn er das nicht tut, konzentriert er sich nicht und verliert.

Muß ein guter Schachspieler auch noch ein guter Staatsbürger oder ein guter Liebhaber sein? Da es schon

eine Zumutung ist, von ihm zu verlangen, er solle exzellent Schach spielen, grenzt es an Unverschämtheit, von ihm zu erwarten, daß er auch auf anderen Feldern glänze, ein witziger Plauderer sei oder ein humanistisch gebildeter Seelenfreund, ein brillanter Wüstling oder ein halber Heiliger. Die Fähigkeit A vervollkommnen heißt stets die Fähigkeiten B und C vernachlässigen. So taugen auch die sogenannten reizenden Menschen bei Licht besehen nicht viel. Unter ihnen wimmelt es von dürftigen Denkern, miserablen Stilisten, armseligen Alleinunterhaltern und erbärmlichen Schachspielern.

Indes ist die Gefahr, den Schachpartner näher kennenzulernen, nicht sehr groß. Weiß gibt Schwarz zur Begrüßung die Hand, sagt beiläufig »Wie geht's«, erwartet keine Antwort, wohl aber, daß Schwarz die Schachuhr aus dem Schrank hole. Im Nu sind die Figuren aufgestellt, im Nu die ersten Züge gemacht. Es folgen, bei Wasser oder Limonade, vier Stunden Grübelei und Schweigsamkeit. Die zwanzig Worte, die beim Abschied gewechselt werden, gelten einem Eröffnungsfehler oder einer Endspieldelikatesse. Schach ist eine Methode, Bekanntschaften zu pflegen, ohne sich um Menschen kümmern zu müssen.

Vom Patzer zum Meister

Wer kennt schon seine wahre Bestimmung? Hunderte geborener, aber nicht gewordener Schachspieler laufen ahnungslos unter uns herum. Kein Vater hat ihnen beigebracht, wie die Bauern schlagen, kein Onkel der kleinen Schwester untersagt, von einem zufällig Schach spielenden Cousin zu behaupten, er sei plemplem. Ebensowenig fand sich in der Rumpelkammer ein Brett samt Figurensatz, das schon vor seiner Säuberung den empfindsamen Knaben hätte faszinieren können. Mancher Eigentümer eines brachliegenden Talents hat während der Berufswahl beflissen seiner inneren Stimme gelauscht, die jedoch nach Art innerer Stimmen falsche Auskünfte gab, jedenfalls mitnichten erklärte, er solle Großmeister werden. Daß nicht jede schlummernde Neigung geweckt wird, ist für die Menschheit freilich auch von Vorteil. Wie angenehm, daß dieser oder jener Grobian nicht Arzt geworden ist. Wie schön, wenn ein Eiferer nur in Gedanken Urteile zu fällen vermag, nicht aber in der Richterrobe. Man jammere auch nicht über die immer noch zahlreichen Analphabeten. Niemand weiß, welchen Unsinn sie zu Papier brächten, könnten sie schreiben.

An wen wendet sich der junge Mensch, der wissen will, wie die Bauern laufen? Am besten an niemanden, denn der eben erwähnte Vater sollte es sein, der sich an ihn wendet. Die allermeisten Schachspieler haben die Regeln und deren schlichteste Anwendung vom Vater gelernt. Sollte allerdings der vorhandene Vater schachpädagogisch eine Niete sein, müßte die treusorgende Mutter sich die Scheidung überlegen, damit wenigstens ein Stiefvater ihrem wissensdurstigen Kind die Tücken der Springergabel beibringt. Kann der Knirps endlich ziehen und schlagen, wird er »die Menschen kennenlernen« – eine gebräuchliche Redewendung, die nichts Gutes verheißt, so wie jeder Menschenfreund zu verstehen ist, der von einer Vertiefung seiner Menschenkenntnisse vorsichtshalber absieht. Unser Knirps indes wird feststellen, daß die eine Sorte Mensch sich nicht zu ihm ans Brett setzt, weil sie von Schach keine Ahnung hat. Außerdem wird ihm auffallen, daß die andere Sorte Mensch stärker spielt als er, ihn andauernd besiegt, es langweilig findet, ihn andauernd zu besiegen, und deshalb ebenfalls nichts mit ihm zu tun haben will. An diesem kritischen Punkt der Persönlichkeitsentwicklung machen die meisten jungen Leute schlapp. Sie geben nicht nur eine Partie auf, sondern auch den Vorsatz, sich zu vervollkommnen. Ein Leben lang werden sie erzählen, sie seien unbegabt und wüßten das aus eigener Erfahrung.

Dabei ist es schön, Schüler in der Schachwelt zu sein. Dort sind die Gepflogenheiten von gediegener Internationalität. Vom Schachspieler wird vorausgesetzt, daß er gewinnen will, immer wieder gewinnen, und zwar ohne Rücksicht auf die Seelenpein des Gegners. Ihm einzuschärfen, wie dies zu bewerkstelligen sei, selbst bei energischem Widerstand, ist die Lust der Lehrbuchautoren. Eine Idee wie die, das Sozialverhalten sei zu üben und nicht der Mattangriff, fände in der weiten Schachwelt kein Echo. Club und Klassenzimmer unterscheiden sich in der Wertschätzung geistiger Leistungen. Werden solche in bestimmten Schulen als Verstöße gegen die Solidarität der Schüler mißbilligt, ist jede Spielergemeinschaft froh, wenn der Abstand zwischen ihrem größten Patzer und ihrem routiniertesten Sieger sich der Unermeßlichkeit nähert. Bloßstellung des guten Durchschnitts durch ein besonders begabtes Mitglied ist die Wonne des Vereinsvorstandes. Im Gegensatz zu den meisten Gymnasiallehrern sind Schachlehrer der Meinung, ihre Schüler könnten gar nicht genug wissen. Die Idealfigur ist der jetzige oder künftige Weltmeister, die Methode ein Training, das andernorts als »verkopft« gebrandmarkt würde.

Was wäre dem lernbegierigen Schüler zu raten? Halt, Vorsicht! Die Frage beantworten heißt vielleicht einen Fehler begehen. Ratschläge, auch heuchlerisch erbetene, sind meistens unerwünscht. Sie werden – wie einfühlsam ist doch die deutsche Sprache – als Schläge empfunden, denn sie bezeugen die geistige Überlegenheit dessen, der sie austeilt. Aus Ressentiment schlagen viele Personen ihrerseits den guten Rat – nämlich in den Wind. Sei's drum. Der Vollständigkeit halber sei dem strebsamen Erdenwurm mitgeteilt, was er zu tun und zu lassen hat.

To begin with the beginning ist einleuchtend, aber verkehrt. Jede Partie beginnt mit der Eröffnung, die Weiß, nicht anders als Schwarz, überleben muß, um das Mittelspiel zu erreichen. Aus dieser richtigen Erkenntnis wird der verhängnisvolle Schluß gezogen, die Aufbewahrung von tausend, noch besser von zehntausend Eröffnungsvarianten im Kopf gewährleiste einen guten Start sowie einen verheißungsvollen Übergang ins Mittelspiel. Was in praxi dabei herauskommt, ist ein Übergang voller Tragikomik: Der Schüler hört auf, mit anderer Leute Kopf zu denken und benützt abrupt seinen eigenen. Derlei geht selten gut. Die Stelle, an der das Gedächtnis ab- und der Verstand eingeschaltet wird, ist in der Wald- und Wiesenpartie durch einen schauerlichen Abfall des Niveaus gekennzeichnet. Die ersten Züge pflegen meisterlich zu sein, die folgenden stümperhaft. Es ist, als hätte einer, der die Sprache Homers nicht beherrscht, die ersten Verse der Ilias auswendig gelernt und bildete sich ein, er könne nun den ganzen Trojanischen Krieg auf griechisch nacherzählen. Hm. Wie wäre es aber, wenn einer in seinem Hirn gleich das komplette Epos speicherte?

Ach, die Eröffnungstheorie ist umfangreicher als die Ilias und die Odyssee und die Vorsokratiker zusammengenommen. Außerdem kann es passieren, daß ein wirklicher Eröffnungszug des Gegners zu dumm ist, um in irgendeiner Eröffnungsschwarte verzeichnet zu sein, unser Gedächtnisakrobat jedoch die einfachste Erwiderung versäumt, die jeder unbelesene, sonst aber vernünftige Caféhausspieler im Nu finden würde. Es käme, erklären die Autoritäten manchmal naseweis, eben darauf an, den Geist einer Eröffnung zu erkennen. Stimmt hundertprozentig. Auch hier sei wiederholt: der Geist, der Sinn, der Grundgedanke. Die Eröffnungstheoretiker wiederholen den Merksatz sowieso, was sie freilich nicht davon abhält, ihn auf Tausenden von Seiten zu mißachten.

Nebenbei gesagt, ist die Begeisterung für Theorien menschlich verständlich. Die Theorie erspart Arbeit. Zumindest steht sie in diesem Geruch. Auf jedem Sachgebiet wimmelt es von Einzelfällen, die einzeln und von Grund auf zu beurteilen einem auf Maximierung der Mußestunden bedachten Menschen kaum zuzumuten wäre. Deshalb steckt hinter jedem, der einer Theorie verhaftet ist, sie heranzieht und verteidigt, mit hoher Wahrscheinlichkeit ein schlauer Faulenzer. Eine brauchbare Theorie gilt ein für allemal. Diesen Vorzug nutzend, macht sich der Faulpelz einmal und nicht allemal Gedanken. Die Theorie raunt: Ich bin die Direttissima, jedenfalls kürzer als die Umwege der Erfahrung. Junge Menschen hassen schon das Wort »Erfahrung«, alte lieben es. Selbst ein verpfuschtes Leben bietet, wenn schon sonst nicht viel, dann wenigstens Erfahrung. Ältere Herrschaften halten nur noch eine Theorie für richtig, nämlich die, daß alle Theorien falsch seien. Leider ist sogar diese sympathische Theorie nicht ganz hieb- und stichfest.

Der alte Tarrasch, ein großer Theoretiker vor dem Herrn, als solcher von seinen Verächtern als Dogmatiker beschimpft und von seinen Verehrern als Praeceptor Germaniae gefeiert, Siegbert Tarrasch also, gestorben 1934, hat in den Turniersälen Europas seinem Vornamen alle Ehre gemacht. Dieser mit allen Wassern gewaschene Praktiker zäumte pädagogisch das Pferd vom Schwanz her auf. In seinem Lehrbuch ›Das Schachspiel‹ behandelte er zuerst das Endspiel, dann das Mittelspiel und zu guter Letzt die Eröffnungen. Didaktisch hat das Hand und Fuß – beziehungsweise Fuß und Hand. Das

Endspiel ist, sofern es dazu kommt, die langweiligste, aber lehrreichste Phase der Partie. So lehrreich ist sie, daß sie bei gründlicher geistiger Durchdringung anfängt, äußerst kurzweilig zu sein. Das Endspiel vermittelt die schönsten Einblicke in Strategie und Taktik. Womit wir bei einem höchst bedeutungsvollen Begriffspaar angelangt sind.

Du, junger Freund, wirst zuerst die Taktik studieren. Du wirst lernen, wie Figuren zu fesseln, abzuschneiden und einzusperren sind. Du wirst Dich mit dem Doppelangriff befassen und dem fünfhundertsten Matt in drei Zügen. Eines Tages aber wirst Du merken, daß solche Schliche und Kniffe nicht genügen, und damit einen Reifegrad erreicht haben, der es gebietet, Dich mit Sie anzureden.

Sie mögen fragen, was Strategie sei. Der Taktiker, lautet eine Scherzdefinition, weiß, was er tun muß, wenn es etwas zu tun gibt, der Stratege hingegen weiß das, wenn es nichts zu tun gibt. Selbstverständlich muß die Dame aufpassen, nicht geschnappt zu werden, muß der König sich in Sicherheit bringen, sobald ein Matt eingefädelt wird. Wenn selbst den Trottel die Ahnung beschleicht, jetzt sei es wohl Zeit für einen rettenden Einfall, ist die Situation ohnehin nicht mehr zu retten. Aber Sie wollen doch Herr Ihrer Entschlüsse bleiben und Ihrem Willen zum Durchbruch verhelfen. Da werden Sie wohl oder übel einen Plan fassen müssen, einen durchsetzbaren natürlich. Das ist Strategie – Feldherrnkunst, wie Weltmeister Euwe sagte.

Du möchtest kombinieren wie der Teufel. Tatsächlich legst Du die Partner herein, stellst ihnen Fallen und überlistest sie, daß ihnen Hören und Sehen vergeht. Dabei bist Du persönlich ein netter Kerl, im Leben nicht ohne Mitgefühl, vielleicht sogar mit einem Quentchen Zartgefühl. In der Pubertät mag Dich sogar gelegentlich ein Allgefühl übermannt haben. Im Schach aber nützt dir das alles nichts, denn dort benötigst Du lediglich Positionsgefühl.

Das wiederum, dieses Gefühl für die Erfordernisse der Stellung, haben Sie. Der Aufbau, sagen Sie sich, muß in Ordnung sein oder jeweils wieder in Ordnung gebracht werden, sonst taugt die ganze Taktik nichts. Die solide und gleichzeitig elastische Stellung, würden Sie auf Anfrage erklären, sei die beste Lebensversicherung im Schach, die beste Vorbereitung auf den Knalleffekt. Mit Kombination und Position haben wir das zweite bedeutungsvolle Begriffspaar. In gewissen einwandfreien Stellungen seien, meinte Reuben Fine, abschließende Feuerwerke so natürlich wie das Lächeln eines Kindes. Als reifer Mensch lieben Sie ein solches Lächeln.

Du bist noch ein etwas größeres Kind und denkst an die Wirkungskraft der Figuren. Du grübelst über das Zusammenspiel jagender Läufer, tänzelnder Springer und niederwalzender Türme mit einer omnipotenten Dame und einem phlegmatischen König. Du denkst Dir Züge aus.

Das tun Sie auch. Doch gleichzeitig verwandelt sich für Sie das Brett in ein System aus starken und schwachen Feldern. Anders als der Designer und der Anfänger gewahren Sie im Schachbrettmuster neuralgische Punkte. Das macht Sie zu einem Fortgeschrittenen, der mit dem allereinfachsten Begriffspaar vertraut ist: Steine und Brett.

George Bernard Shaws Kleopatra befiehlt einem Meister seines Faches, ihr binnen 14 Tagen das Harfespielen beizubringen. Für jeden falschen Ton, der von der dritten Woche an zu vernehmen sei, werde er, nicht sie, mit der Peitsche bestraft. Sollten die falschen Töne sich häufen und somit die Auspeitschungen nicht mehr zu organisieren sein, werde er den im Nil schwimmenden Krokodilen zum Fraße vorgeworfen. Kurzer Rede kurzer Sinn: Ist die Schülerin musikalisch und auch sonst nicht auf den Kopf gefallen, können die Fehler nicht ihr, sondern nur ihrem Lehrer angelastet werden. Bei aller Logik ist derlei heutzutage nicht mehr möglich, denn es fehlt an Pädagogen, die Hand an sich legen lassen. Möge es jedoch nie an Schülerinnen und Schülern fehlen, die so stolz und hochbegabt sind wie des irischen Autors ägyptische Königin.

Schachdeutsch

Nur zu gut sind die armen Politiker zu verstehen, die ihre Fachausdrücke dem Wortschatz der Schachspieler entlehnen. Des Schwarzen Peters überdrüssig, den einer dem anderen zuschiebt, erholen sie sich semantisch bei einem Schachzug, am liebsten bei einem »raffinierten Schachzug«. Wieder ein Attribut, das vom Subjekt kaum noch zu trennen ist. So wird auch der Realismus meistens als handfest bezeichnet und der Individualismus mit Vorliebe als schrankenlos diffamiert, obwohl das logische Gegenteil, der beschränkte Individualismus, viel bedenklicher wäre. Der raffinierte ist jedoch nicht der repräsentative Schachzug. Der für die Caféhaus-, die Rasenschach- und die Wohnzimmerpartie typische Zug ist banal und trivial oder naiv, so la la, schlecht und recht. Auch im Club, zuweilen sogar im Turniersaal, herrscht das eherne Gesetz der Mittelmäßigkeit. Selten kommt es zum Patt – ein weiteres Wort, das den Politikern gefiel. Allmählich begriffen sie jedoch, daß »patt« das Ende der Partie, also Schluß, aus und vorbei bedeutet, während es in der Politik immerzu weitergehen soll, sei die Situation verfahren oder nicht. Folglich übernahmen sie den Ausdruck »Hängepartie«, was intellektuell ein Fortschritt war, freilich die Tatsache nicht berücksichtigte, daß echte Hängepartien spätestens am nächsten Tag zu beenden sind.

Neuerdings ist das Wort »Bauernopfer« in Mode gekommen. Die Bosheit, einen Mitarbeiter straucheln zu

lassen, damit die eigene Position sich verbessere, wird damit philologisch einwandfrei bewältigt. Nach diesem Erfolg im Umgang mit der Sprache sollten die Politiker in der Metaphorik Meisterschaft anstreben. Von den Kunsthistorikern könnten sie den Terminus »Pentimenti« übernehmen – von diesen wird gesprochen, wenn Maler ihre eigenen Fehler überpinseln. Das ist aber noch gar nichts gegen den musikalischen Prachtbegriff »enharmonische Verwechslung«, womit der Dreh gemeint ist, ein »fis« als »ges« aufzufassen, und künftig der Trick gemeint sein könnte, den Leuten ein X für ein U vorzumachen. Um wieder von den Schachspielern zu reden, haben diese lange vor den Politikern die Mitte entdeckt, die vier Felder zählende Brettmitte, genannt das Zentrum. Ehrlich wie Spieler sind, haben sie nur ausnahmsweise behauptet, in der Mitte entscheide sich die Partie. Oft entscheidet sich diese nämlich am Rand oder auf der Reihe davor. Wohl aber erklärten sie, wer das Zentrum beherrsche, habe das Heft in der Hand, und erklärten es nicht nur, sondern handelten auch danach. Die Klassiker kümmerten sich schon im ersten und zweiten Zug ums Zentrum, das sie mit Bauern zu bevölkern liebten. Die Modernisten wollten die Mitte gleichfalls unter ihre Fuchtel kriegen, meinten jedoch, das gehe auch in Abwesenheit von Bauern, wenn nur die Offiziere aus der Ferne, vorzugsweise die Läufer in der Ecke, ihre Kontrollfunktion wahrnähmen.

Leider hat sich das scheußliche Wort »Zugzwang« eingebürgert, metaphorisch und international. Seine Verbreitung in der gesamten Schachwelt legt die Vermutung nahe, die deutschfeindlichen Großmeister aller

Kontinente hätten sich verschworen, eine Sprache in Mißkredit zu bringen, die über so wohllautende Vokabeln wie Weisheit, Schläue, List und Tücke verfügt. Aber nein, die Konsonantenagglomeration »Zugzwang« mußte her mit ihrem zweimaligen Zisch-Z, das sowieso schon aus zwei Konsonanten besteht, aus »ts« nämlich. Wenden wir uns also ab und jenem Bindestrich zu, der zwei Nullen aus der niederen Sphäre der Notdurft in die höhere des Geistes hebt. Die kurze Rochade notiert 0-0 und nicht 00. Sie ist, ebenso wie ihre sich rar machende Schwester, die lange Rochade, ein Kind der Neuzeit und unvereinbar mit der glasklaren Logik des Mittelalters. »Laßt bitte den Unsinn«, hätte Frau Theudelinde über das Brett hinweg zu ihrem Ritter Ruodbert gesagt, hätte dieser plötzlich zwei Züge auf einmal gemacht, nämlich den gehbehinderten König ein Feld zu weit geschoben und den geradlinigen Turm slalomhaft um den König herumbugsiert. Und nie wäre es ihr eingefallen, sich in der nächsten Partie mit einer weiteren Absurdität zu revanchieren, dem königlichen Dreifelderschritt samt Turmsprung, in Lettern 0-0-0.

Zwei Züge auf einmal. Ach, wissen Sie, die Schachspieler können einfach nicht zählen. Auch sonst machen sie aus zwei Zügen, dem weißen und dem schwarzen, einen. Womöglich behaupten sie demnächst, Rede und Gegenrede, Spruch und Widerspruch, ergäben nicht zwei Sätze, sondern nur einen einzigen; ein küssendes Paar verwende einen einzigen Mund, und ein Paar Schuhe bestehe aus einem Schuh. Spieler und Kommentatoren versehen den Zug von Weiß und den von Schwarz mit derselben laufenden Nummer, obwohl sie wissen

müßten, daß zwei voneinander abweichende Entschlüsse, zwei getrennte Handbewegungen und zwei unterschiedliche Erfolgsaussichten vorliegen. Eigentlich dürfte niemand sagen: »Sie sind am Zug.« Systemkonform wäre: »Sie sind an Ihrer Zughälfte.«

Kurze und lange Rochade – manche sagen »große Rochade«, wohl in Anlehnung an den Unfug, lange Menschen groß zu nennen. Außerdem sprechen fast alle »Rochade« französisch aus und zischen diesmal wie bei »boche«. Sie sollten lieber an das englische »rook« denken oder gleich an das persische »rokh«, das heißt an den Turm, der bei dem Platzwechsel stets dabei ist und es dem Deutschen gestattet, das Wort »Rochade« mit einem schnarrenden Rachenlaut à la Schach, Buch und Tuch von sich zu geben.

Systemwidrigkeiten wie die Rochade bedürfen liebevoller Regelung. Welche Rochadehälfte genießt zeitliche Priorität? Professionelle Finger sind zwar schon immer daran zu erkennen gewesen, daß sie nach dem König grapschten und dann erst nach dem Turm, doch fanden sich stets auch Verächter der Etikette, die zuerst den Turm aus seiner Ecke holten. Überzeugend war das nie. Theoretisch könnte der Ausführende, nachdem er den Turm bewegt hat, seiner Hand etwas Ruhe gönnen und den Gegner wie das Publikum ein Viertelstündchen im Zweifel darüber lassen, ob es mit diesem Turmrutsch sein Bewenden haben oder ob der widernatürliche und daher aussagekräftige Königssprung noch folgen solle. Hinter alldem steht die knifflige, den gesitteten Umgang mit einem neugierigen Gegner berührende Frage, von welchem Moment an ein Zug als ausgeführt zu gelten habe. Jedenfalls ist seit dem 1. Januar 1985 die verschärfte Weltschachbundregel in Kraft, daß die vorgezogene Berührung des Turms die Rochade verunmögliche.

»J'adoube«, murmelt, brummt oder wispert der Turnierspieler, wenn er nach einem Stein greift, den er nicht ziehen, sondern nur zurechtrücken möchte. Niemand verlangt präzise Phonetik. Es genügt ein Minimalgeräusch, in das ein »a« oder »u« einschwingen mag, oder einfach ein durch die Zähne gepreßter Naturlaut, dem zu entnehmen ist, daß Artikel 8 der Allgemeinen Regeln des Weltschachbundes dem Sinne nach bekannt ist. Denn wer einen Stein, und sei es in bester ästhetischer Absicht, anderthalb Millimeter weit zur Feldmitte schiebt, ohne dabei einen Muckser zu machen, muß den Schubs in einen Zug verwandeln. Dafür entfällt die Verpflichtung, »Gardez!« zu hauchen oder »Schach!« zu flüstern. Das waren Höflichkeiten, die als Unhöflichkeiten entlarvt wurden, als Unterstellung, der Gegner müsse hören, um zu sehen.

Kleinlich wäre es, an Schachwettkämpfen Anstoß zu nehmen, die ausgetragen werden, aber nicht wie Zeitungen oder Kinder. Zuweilen hört es sich jedoch an, als solle ein Turnier nicht veranstaltet, sondern verhindert, eben abgehalten werden. Den Vogel allerdings schießt eine unappetitliche Vokabel ab, die ein Schachspieler meiden würde, wählte er seine Worte so bedachtsam wie seine Züge. Gewiß, die Grübler transpirieren. Einige von ihnen schwitzen sogar wie die Gewichtheber. Doch gerade solcher und noch ganz anderer Absonderungen wegen ist es geschmacklos, die anspruchsvollen Ausleseverfahren, bei denen die Besten von den Allerbesten getrennt werden, als »Ausscheidungen« zu charakterisieren.

Die Schachvokabeln freilich, die den Laien am meisten faszinieren, sind die Namen der Eröffnungen. Einige klingen gut: Spanisch, Französisch, Italienisch, Englisch, Russisch. Eine Bezeichnung, die fehlt, ist Deutsch. Es gibt Holländisch, neben Englisch auch Schottisch und trotz Italienisch sogar Sizilianisch, aber kein Deutsch. Einige Deutsche brachten Preußisch ins Gespräch, aber nicht in die überregionale Fachliteratur, die jetzt nicht etwa auf Mazedonisch oder Mongolisch verfiel, sondern die entsprechende Zugfolge unverdrossen mit dem Prädikat »Zweispringerspiel im Nachzug« versah. Dieser sperrige, zur Flüssigkeit des Stils nicht beitragende Ausdruck stört keinen Schachspieler. Keinen stört auch »Königsindisch im Anzug«, obwohl die Assoziation »Maharadscha im Zweireiher« sich aufdrängt. Aber es kommt noch dicker. Einige Eröffnungen werden nach Koryphäen benannt, nach Reti, Aljechin, Nimzowitsch und Grünfeld. Der Umkehrschluß, wer seinen Namen auf diese Weise nicht verewigt habe, sei keine Koryphäe, wäre abwegig, weil viel zu systematisch. Der Leser ist bei den anstrengenden Schlampereien eines angenehm strengen Spiels angelangt. Nimzowitschs Name, ein wenig zuviel der Ehre, zumal sich der Mann Niemzowitsch schrieb, hallt sowohl in der Nimzowitsch-Eröffnung wie in der völlig andersgearteten Nimzowitsch-Indischen Verteidigung wider – übrigens auch im Nimzowitsch-System, das kein System, sondern eine Unterabteilung von Französisch ist. Es sei dies nur erwähnt, damit der Leser erkenne, wie vielfältig die

Möglichkeiten sind, seinen Geduldsfaden reißen zu lassen.

Nimzowitsch-Indisch alias Nimzoindisch hat mit Indien nichts zu tun. Wie sollte es auch? Es wurde so genannt, weil die Begriffe Königsindisch und Damenindisch schon eingeführt waren, die mit Indien ebensowenig gemein haben. Dafür bezieht sich Französisch auf ein wenigstens zur Hälfte französisches Vorkommnis, nämlich auf eine 1842 zwischen Paris und London ausgetragene Fernpartie. Ein Frechling taufte den Beginn »Feiglingsspiel« und setzte sich damit nicht durch, was schachlich zu begrüßen und stilistisch zu bedauern ist. Die Deutschen sagen Spanisch, die Spanier auch, die Russen desgleichen, die Engländer aber nicht. Bei ihnen heißt die Eröffnung wie ein spanischer Geistlicher des 16. Jahrhunderts: Ruy Lopez. Dieser beeindruckte auch König Philipp II., der einmal eine Engländerin geheiratet hatte und seitdem die Engländer nicht leiden konnte. Das Schachwort Sizilianisch wiederum notierte zum ersten Mal ein Kombinatoriker namens Greco, der verwirrenderweise kein Grieche war wie El Greco und erst recht kein Sizilianer, sondern Kalabrese. Ihm widerfuhr ein Mißgeschick, das wenigstens den Vorzug literarischer Allgemeinverständlichkeit hat: Auf einer Reise nach London fiel er Räubern in die Hände und verlor bei dieser Gelegenheit eine in Paris beim Schachspiel gewonnene Riesensumme. Möge diese Mitteilung der geistigen Erholung des Lesers dienen, dessen Scharfsinn nun aufgerufen ist, Wirrnisse zu durchdringen, die immerzu geduldet zu haben die Herolde eines Glücks- oder Kartenspiels sich schämen würden.

Zu lesen wie zu hören ist die Bemerkung, Weiß oder Schwarz habe eine bestimmte Eröffnung »gewählt«. Was aber heißt hier »wählen«, wenn der Gegner mitspielt und Zugfolgen vereiteln kann? Wer so stutzt und fragt, scheint für den bevorstehenden Gedankengang durch Kraut und Rüben intellektuell gerüstet zu sein. Kurz gesagt verhält es sich so, daß die eine Eröffnung durch den zweiten Zug von Schwarz und die andere durch den dritten Zug von Weiß definiert wird. Damit sei angedeutet, daß auch der erste Zug von Schwarz oder der zweite Zug von Weiß oder wer weiß was für ein Zug terminologisch ausschlaggebend sein kann. Beginnt Weiß mit dem Doppelschritt des Königsbauern, ist die Taufe noch nicht vollzogen, jedoch insofern vorbereitet, als sich jetzt kein Damengambit und in aller Regel nichts Indisches ergeben kann, weil dies den Doppelschritt des weißen Damenbauern zur Voraussetzung hätte, was wiederum nicht heißt, daß in diesem Fall Schwarz gezwungen wäre, sich für besagtes Gambit oder etwas Indisches zu entscheiden. Gambit kommt, nebenbei bemerkt, von italienisch »gamba«, das Bein, bedeutet jedoch – wer wundert sich noch? – keinen Fußtritt oder Gehversuch, sondern ein Bauernopferangebot. Eine Verschnaufpause? Bitte sehr.

Nach ihr möge wieder der weiße Königsbauer seinen Doppelschritt machen. Daraus wird Sizilianisch, sofern Schwarz seinen Damenläuferbauern um zwei Felder vorwärts schiebt, jedoch Caro-Kann, benannt nach zwei Herren namens Caro und Kann, wenn der Bauer nur um ein Feld vorrückt. Beim einfachen Schritt des schwarzen Königsbauern haben wir Französisch, beim Doppelschritt desselben jedoch philologisch noch gar nichts. Holt Weiß jetzt seinen Damenbauern ins Zentrum, heißt die Eröffnung Mittelgambit, hingegen Königsgambit, wenn der Königsläuferbauer bevorzugt wird. Hüpft aber der weiße Königsspringer, so ist die Wortwahl mitnichten entschieden und selbst bei der Komplementärbewegung des schwarzen Damenspringers immer noch offen. Doch nun machen wir es kurz. Es reicht. Wir haben ein Billionstel Eröffnungstheorie absolviert. In der erwähnten Stellung entscheidet der dritte Zug von Weiß, ob tatsächlich Spanisch, möglicherweise Italienisch oder vielleicht ein Dreispringerspiel vorliegt. In der Erwartung aufrichtigen Dankes dafür, daß alle zwanglos sich anbietenden Anmerkungen zu Russisch, zur Wiener Partie und zum Vierspringerspiel unterblieben sind, sei zum Abschluß der Schachlinguistik von der Farbenblindheit die Rede.

Allenthalben heißt es Weiß und Schwarz. Haben die Leute keine Augen im Kopf? Selten sind die Figuren, die in der Schachwirklichkeit hin und her geschoben werden, schneeweiß und kolkrabenschwarz. Nicht einmal eierschalen- und anthrazitfarben sind sie. Am zutreffendsten wären sie als milchkaffeebraun und schokoladenbraun zu bezeichnen. Nur soviel ist an den Begriffen Weiß und Schwarz richtig, daß die Steine dessen, der zuerst zieht, heller sind als die des Gegners. Die andauernden optischen Falschmeldungen, an deren Verbreitung sich auch der Schreiber dieser Zeilen mit Vergnügen beteiligt, sind freilich durch den Umstand gerechtfertigt, daß nicht die Farbe an sich bedeutsam sein soll, sondern nur die Möglichkeit, sie von einer

zweiten leicht zu unterscheiden. Theoretisch könnte, ohne daß die Regeln und die Angriffspläne geändert werden müßten, auch Gelb gegen Lila spielen oder Lindgrün gegen Weinrot. Die 64 hell- und dunkelbraunen Felder könnten ruhig steingrau und perlgrau sein, sofern nur weiterhin gewährleistet wäre, daß sich g5 von g4 deutlich abhöbe. Das wahrhaft schwarz-weiße Schachbrettmuster ist eine Sache der Modeschöpfer und der Fliesenleger.

Kalkweiß, schneeweiß, blütenweiß oder schwanenweiß ist im Schach nicht einmal der Papierbogen, auf dem die Züge notiert werden. Er ist meist gräulich und besteht aus Umweltpapier. Auch die Haut des Spielers, der ihn ausfüllt, ist nicht weiß. Sie mag rötlich, gelblich, bräunlich und äußerstenfalls weißlich sein, doch wäre sie an Stirn und Wange weiß, läge der Angehörige der angeblich weißen Rasse im Bett. Vor allem die Deutschen geben sich gerne farbenblind. Sie sehen ihre schwarz-rot-gelbe Fahne und behaupten, das sei Schwarz-Rot-Gold. Dabei ist Gold ein Metall und keine Farbe, wie sich bei jeder Fahnentuchproduktion aufs neue herausstellt. Ein Stück Stoff mit Blattgoldbelag wäre teuer und den Stürmen kaum gewachsen. Auch der dreifarbige Wimpel, der auf internationalen Turnieren neben dem Kugelschreiber des deutschen Teilnehmers steht, zeigt die Farben Schwarz, Rot und schon wieder Gelb.

Exklusivität

Das Schachbrett ist exterritorial. Das kleine Brett bedeutet nicht, wie angeblich die Bretter des Theaters, die Welt. Die 64 Felder sind ein Mikrokosmos, geistig zu trennen vom Gewusel des Lebens wie ein französischer Park von Steppe und Urwald. Der klare, scharfe Rand des regelmäßig gescheckten Quadrats scheidet eine intelligente und sympathische Ordnung von den tausend löchrigen, im Widerstreit liegenden Ordnungen des Lebensernstes.

Über den deutlichen Rand dringt kaum etwas, höchstens das Licht und der Staub, die Blicke der Zuschauer und die Hände der Spieler. Der ernste Schachspieler jedoch wird ganz Schachgeist, wird Weiß, wird Schwarz und möchte deshalb von der Weltlichkeit verschont sein, vom Lärm sowieso, aber auch von schwelendem Kummer, sei es mit der Verdauung, der Liebsten oder der Hoteldirektion. Er will sich auf ein Viereck konzentrieren, das kleiner ist als ein Quadratmeter.

(Schaue doch nur einer hin, wie ein geistiger Antipode, ein Weltkind, irgendein ahnungsloses Weltkind, das Schachbrett hingelegt hat. Seines Musters wegen liegt das Brett in einem Schaufenster oder einem weitläufigen Wohnzimmer. Wetten: Das Eckfeld rechts unten wird ein schwarzes sein. Ein ästhetischer Urtrieb scheint den Laien zu zwingen, ein Brett solange zu drehen, bis das Feld rechts unten schwarz ist. Das Feld h1 ist jedoch grundsätzlich weiß.)

Eine Öffnung zur Welt, wie beim Zweiten Vatikanischen Konzil, ist noch nie gefordert worden. Jenseits der a- und der h-Linie, jenseits der ersten und der achten Reihe bewegt sich kein Schachgeist. Mit einem Feld i9 wüßte der nichts anzufangen. Wohl haben auf Zeitvertreib spezialisierte Revoluzzer vorgeschlagen, die Zahl der Felder zu erhöhen, damit vier Personen gegeneinander spielen können und nicht nur zwei. Doch selbst wo solche Schnurrpfeifereien verwirklicht worden sind, blieb die magische Grenze erhalten. Gerechtigkeit – wo gibt es sie? »Nirgends«, sagen die gebrannten Weltkinder und lebensklugen Skeptiker. »Bei uns«, dürfen die Schachspieler dazwischenrufen, denn das Schach kennt keine Strafe ohne Schuld. Wo herrscht Chancengleichheit? Nirgends auf dem Globus, wo die Wortführer schon Hurra schreien, wenn die Ungleichheit nicht weh tut. Vor dem ersten Zug indes herrscht wirklich Chancengleichheit, denn jeder hat acht Bauern und acht Figuren und die Regeln zu beachten. Weiß ist zwar leicht im Vorteil. Aber Weiß hat das nächste Mal Schwarz.

Der Schachgeist transzendiert nicht. Kein Büro, kein Plenarsaal, kein Rechenzentrum, kein Einwohnermeldeamt, kein Freizeitpark und kein Tanzlokal kann wie ein Schachbrett strukturiert sein. Die Aufgaben eines Läufers vermögen weder Eilboten noch Marathonläufer wahrzunehmen. Ob sich jemand unter einem Turm ein Bauwerk, einen Elefanten oder einen Zweizentnermann vorstellt – der Eckensteher, nach einer Weile Fachmann für den Winkel von 90 Grad, ist eine Figur sui generis. Pferde kapieren, sobald sie einen Springer verkörpern sollen, überhaupt nichts mehr, weshalb sie gewisse

Volksbelustigungen, Schachkämpfe mit lebenden Figuren, ebenso krönen wie stören.

Kaum ein Autor, der nicht schon die Unhöflichkeit besessen hätte, das Leben mit dem Schachspiel zu vergleichen – dieses lausige Leben mit unserem schönen Spiel. Auch fachkundige Verfasser, denen g5 ein Begriff ist, begehen zuweilen jene Taktlosigkeit. Selbstverständlich gibt es Parallelen im Schach, etwa zur Generalstabsarbeit, zur Politik oder zur Hasenjagd. Der Abstand zwischen den beiden Geraden wird aber stets gewaltig sein. Die Neigung, durch kränkende Vergleiche Nest und Brett zu beschmutzen, rührt eben von der Aufdringlichkeit des täglichen Lebens her. Ungefragt und ungebeten umgibt es den Schachspieler, auch wenn er sich ihm spielend entzieht.

Emanuel Lasker hat ein für allemal festgestellt, daß auf dem Brett, das zwischen den Meistern liegt, Lüge und Heuchelei von kurzer Dauer seien. Damit wären die Welten, die das Schach und das gewöhnliche Leben voneinander trennen, schon ziemlich gut gekennzeichnet. Doch selbst Lasker hat ein bißchen gelogen: In Wahrheit vermögen die Großmächte Lüge und Heuchelei auf dem Brett nicht einmal für eine halbe Sekunde Fuß zu fassen.

Oder nehmen wir einen besonders typischen Vertreter des vollen, des wirklichen Lebens, den Spielverderber. In unserem Spiel vermag er nichts auszurichten. Sollte er sich dazu aufschwingen, eine Partie zu verderben, verliert er sie halt.

Auch der spielspezifische Falschspieler wird sich nicht bewähren. Sollte er etwa mit gezinkten Springern oder einer zweiten, aus dem Jackenärmel gezogenen Dame operieren? Das wäre so nutzlos wie die Anbringung eines Spiegels hinter dem Rücken des Gegners. Vielleicht ein kleiner Schubs da und dort? Alles eitel. Dem halbwegs geübten Turnierhasen haftet die Stellung, die in Zucht und Ordnung entstanden ist, auch dann exakt im Gedächtnis, wenn er die Toilette aufsucht oder branchenüblich von Tisch zu Tisch schlendert.

Die Welt will betrogen sein. Das muß stimmen und in ihrem Wesen liegen, denn schon die Römer sagten: »Mundus vult decipi.« Die Italiener, die für ihr Leben gern von den Römern abstammen würden, neigen der Ansicht zu, nicht der Betrüger sei schuld, sondern die Person, die so dumm war, auf ihn hereinzufallen. Hier ähneln sich Schachwelt und Italien. Wer sich am Brett überlisten, hereinlegen, irreführen läßt, wird abschätzig beurteilt und erst wieder für voll genommen, wenn er seinerseits überlistet und hereinlegt.

1994 ist der Nobelpreis für Wirtschaft zur Verwunderung aller Schach-, Skat- und Fang-den-Hut-Spieler an drei Spieltheoretiker verliehen worden. Dabei weiß jeder, der den Sandkasten seelisch hinter sich gelassen hat, daß die Wirtschaft kein Spiel und das Leben härter ist als jedes Schachbrett. Die ökonomische Spieltheorie, anstandshalber sei sie hier skizziert, rät dem geschäftstüchtigen Menschen, stets nach einem anderen geschäftstüchtigen Menschen zu schielen und die eigenen Entschlüsse auf dessen Aktionen und Reaktion abzustimmen. Hm. Wahrscheinlich denkt an der nächsten deutschen Straßenecke der italienische Obst- und Gemüsehändler ebenso. Er ist aber, nicht anders als irgendein Boß, der Gegentyp des Spielers, denn wer spielt, will sich der Welt nicht zuwenden, sondern vor ihr abkapseln. Jedes Spiel ist exklusiv. Die Regeln können dem Rest der Menschheit schnuppe sein. Sie sind auch von einer Strenge, die im praktischen Leben keine fünf Minuten durchzuhalten wäre. Dort gilt es, öfters ein Auge zuzudrücken, durch die Finger zu sehen oder alle fünf gerade sein zu lassen, dort sind Zuckerbrot und Peitsche nötig, ein bißchen »corriger la fortune« (Lessing) und nicht zuletzt Vitamin B.

Eines der besten Schachbücher stammt von Johan Huizinga und trägt den Titel ›Homo ludens‹ – der spielende Mensch. Vom Schach ist darin zwar wenig die Rede, dafür um so mehr vom Spiel als solchem, von seiner vielfältigen Besonderheit und seltsamen Strenge. Nebenbei hält der holländische Philosoph Schach für ein Spiel, das »für die Kultur ganz unfruchtbar bleibt und keinen äußeren Reiz in sich birgt«. Tja, das mußte eben einmal gesagt werden.

Dafür verdient unser Spiel das Kompliment aller Komplimente: Es ist ziemlich überflüssig. Es steht nicht unter der Fuchtel eines Weltdiktators namens Notwendigkeit. Ohne einen Hauch von Schach können Hochkulturen entstehen und zerbröseln, können kluge Menschen zu der Auffassung gelangen, ihr Leben habe einen Sinn. Bemerkenswerte Faktoren wie die Säuglingssterblichkeit, die Verbrechensbekämpfung und das Bruttosozialprodukt existieren unabhängig davon, ob jemand oder niemand zum Mattangriff übergeht. Die Ehre großer Schachspieler beruht auf ihrer Entbehrlichkeit. Sie sind nicht wie die Ärzte, die tatsächlich dringend gebraucht werden, aber nur, weil der Schmerz tobt. Bäcker und Metzger leben vom Hunger, zuweilen auch von der Verfeinerung des Geschmacks, die ihrerseits ein Versuch ist, sich der Geißel des Appetits stilvoll zu beugen. Auch die Lehrer haben eingesehen, daß sie nur Mittel zum Zweck sind, und freuen sich schon, wenn der Zweck überhaupt erwünscht ist.

Schiller hat es geschrieben, also war es ernst gemeint. Wie wichtig ihm die Sache war, ist an dem stilistischen Anlauf zu erkennen, den er mit den Worten »um es endlich auf einmal herauszusagen« nahm. Was war es, das er, gewiß nach reiflicher Überlegung, endlich heraussagte? »Der Mensch spielt nur, wo er in voller Bedeutung des Worts Mensch ist, und er ist nur da ganz Mensch, wo er spielt.« Die Schachspieler könnten sich die Hände reiben. Schwarz auf weiß haben sie es, wie gut sie daran tun, sich um Schwarz und Weiß zu kümmern anstatt Blumen zu gießen, die Steckdose zu reparieren oder den Säugling zu wickeln. Außerdem könnten sie erkennen, daß ihre Menschwerdung abgeschlossen ist, während die der Zahnärzte, Vorzimmerdamen, Versicherungsmathematiker, Mannequins und Raumfahrer noch zu wünschen übrigläßt. Die Schachspieler reiben sich aber gar nicht die Hände. Einige kennen Schiller dem Namen nach und meinen, das genüge.

Einige kennen auch Hegel dem Namen nach und meinen, das genüge. Schachspieler sollten ihn aber verehren. Nein, nicht lesen, bloß verehren und eventuell einen Gedanken nachvollziehen, der ein Dutzend Sekunden in Anspruch nimmt: These – Antithese – Synthese. Georg Wilhelm Friedrich Hegel befaßte sich nicht mit Randbauern und Eröffnungsfallen, sondern mit dem Inbegriff des großen Ganzen, mit der Weltgeschichte. Als deren Vorzug gilt höchst inoffiziell, daß sie bei ihrem unermeßlichen Reichtum an Einzelbeispielen auch für die verrücktesten Theorien den einen oder anderen Beleg parat hält. Es soll jetzt nicht doziert werden, doch sei angemerkt, daß in der Geschichte, der globalen wie der regionalen und lokalen, längst nicht alles – bei Licht besehen sogar herzlich wenig – im Hegelschen Dreischritt vor sich geht, also nach Fahrplan und wie am Schnürchen. Einmal kommt, obwohl These und Antithese verbissen aufeinander einschlagen, dabei alles mögliche, nur keine Synthese heraus; ein andermal schafft es die herbeigeredete Synthese nie und nimmer, eine neue These zu werden. So ist der Lauf der Welt, mit dem das Brettspiel erquickenderweise nichts zu tun hat. Da aber, beim Schach, hat G.W.F. Hegel plötzlich recht. Der Schachspieler denkt, und sein Gegner denkt dagegen. Ein guter Schachspieler denkt die Gegengedanken gleich mit, weshalb die Dialektik, die im Parlament, im Schwurgericht und im Doppelbett durch Abwesenheit glänzt, im Turniersaal Orgien feiert. Hier werden zu jedem Argument Gegenargumente erwogen, in vielen Verästelungen und nicht nur pro forma und obenhin. Eine schöne, zum Abdruck geeignete Partie liegt vor, wenn keiner konnte, wie er wollte, einer jedoch Gewinn aus jenen Strichen zog, die ihm durch die Rechnung gemacht wurden.

Die Mathematik ist keine Natur-, sondern eine Geisteswissenschaft. Mit der Natur hat sie nichts zu tun, wie diese ja auch unfähig ist, jene makellosen Flächen hervorzubringen, mit denen die Geometrie die Sehnsucht nach Formschönheit befriedigt: Kreis, Quadrat, Dreieck. Was die Natur, Ausnahmen bestätigen die Regel, ersatzweise bietet, ist optisch windschief und formal verwässert. Das Rad wurde selbstverständlich von irgendeinem Verstandesmenschen erfunden, denn was die Natur in dieser Richtung schuf, rollt nicht, sondern kullert bloß. Natur ist Kuddelmuddel und Tohuwabohu, bestenfalls Naturgesetze-Salat, ein anständiges Oktogon hingegen ein Sinnbild der Ewigkeit. Bei Max Frisch liebt Don Juan, ein Intellektueller vom Scheitel bis zum Schambein, nicht die Frauen, sondern die Geometrie. Auch die Algebra ehrt es, daß sie abstrakt ist, das heißt losgelöst von der Wirklichkeit. 8 x 8 = 64. Noch besser rechnet es sich, die Leute mögen ruhig staunen, mit Buchstaben, mit a und b, mit x und y. Zahlen, Buchstaben, Quadrate – in dieser idealen Umgebung ist das Schach zuhause. Im königlichen Spiel sind die Könige Könige und nicht Angehörige des Hauses Windsor, während die Damen – nun, keine aus Fleisch und Blut ist wie die weiße und die schwarze. In diese beiden müßte sich Don Juan aufrichtig verlieben können.

»Ist ja nur ein Spiel.« Mit diesem Satz tröstet sich der Schachprügelknabe, der unermüdliche Verlierer. Er hat schlechte Laune, möchte nicht zugeben, mit welchem Biererernst er hatte gewinnen wollen, und macht deshalb mit dem Wörtchen »nur« die Beschäftigung mies, der er oblag. Er meint etwas Falsches, sagt aber etwas Richtiges. Die Wahrheit kann sich offenbar ihre Verkünder nicht aussuchen.

Warum aber gibt es kaum Schachspieler-Witze? Sind die Grübler nicht mindestens so komisch wie die Jäger, die Irren, der Sex, die Pastoren, die Militärs, die Ostfriesen oder die Burgenländer? Eine Antwort: Das komische Leben und das ernste Spiel sind eben zweierlei. Ersatzweise werden manchmal Wortspiele mit der Dame geboten. Welche? Wer das wissen will, braucht nur einen Augenblick lang nachzudenken. Genau, ebendiese. Solche Späße sind so dürftig, wie es der 17. oder der 38. Zug nie sein darf.

Im Club

Ein Raum, dessen größter Vorzug der ist, daß es nicht hereinregnet, eignet sich bereits als Clublokal. Schachspieler stellen keine Ansprüche an die Innenarchitektur, dürfen auch keine stellen, denn der Wirt, der sie jeden Freitagabend duldet, ist ohnehin der Meinung, daß sie zu lange sitzen und zu wenig verzehren. Schachvereinen wird daher oft und überaus leichten Herzens gekündigt. Der Vorsitzende, sein Stellvertreter, der Kassierer und die Schriftführer akzeptieren jede fadenscheinige Begründung, denn auch sie nehmen an, daß bei einem Witwentreffen oder einer Obdachlosenparty für den Wirt mehr herausspränge als bei ihren Verstandesübungen. Sicher vor Vertreibung fühlen sich die Clubs erst, wenn sie unter dem Vorwand, das Spiel leiste der geistigen Gesundheit der Einwohnerschaft Vorschub, in einem Gemeindehaus oder einem anderen vom Steuerzahler finanzierten Gebäude untergekommen sind.

Das nun brauchen die Spieler: Holz-, Wachstuch- oder Kunststoffbretter, Figurensätze, Schachuhren, bei Gebrauch nicht zusammenbrechende Stühle und möglichst wenig wackelnde Tische. Überflüssig ist ein Teppich oder ein Bild an der Wand. Dieses könnte zum Beispiel den Clubturniersieger der Jahre 1978 bis 1987 zeigen oder ersatzweise irgendeinen vor sich hinstarrenden Weltmeister – doch niemand will derlei sehen, sollte sich der Blick vom Brett lösen. Dafür hat ein ordinärer, mittelgroßer Wandfleck, der bei allen Müttern und Gattinnen, beträten sie den Raum, den Wunsch nach rascher Überpinselung wecken würde, gute Chancen, monatelang nicht bemerkt zu werden. In einem Kalender für Herren waren einmal Dessous samt Trägerin abgebildet, dazu vier dem Spiel hingegebene, für weibliche Reize blinde Jünglinge. Wenn das üble Nachrede gewesen sein sollte, dann wenigstens eine nicht ganz unberechtigte. Es würde auch niemand versuchen, die Aufmerksamkeit der Grübler durch Blumenschmuck zu fesseln. Denker lassen sich schwerlich ablenken, weder durch Häßlichkeit noch durch Schönheit.

Die wechselseitigen Begrüßungen sind knapp. Sie bestehen jeweils aus einem hastigen Händedruck und wenigen wie widerwillig hingeworfenen Worten. Die morgendlichen Kontaktaufnahmen in einem Großraumbüro sind gefühlvoller. Wenn die Clubmitglieder Zeit vertrödeln, dann mit kniffligen Kombinationen und nicht mit Höflichkeitsfloskeln. – In Windeseile sind die Figuren aufgestellt, rasch die ersten Bauern geschlagen. Bald bietet jeder Tisch ein Stellungsproblem, ausgebrütet von zwei seelisch zugeknöpften Männern. Die Außenwelt ist fast verstummt, doch könnte durch den Spalt eines Fensters gedämpfter Straßenlärm oder durch den Spalt einer Schiebetür ein undefinierbares gastronomisches Geräusch dringen. Ruheloser Abendfriede senkt sich auf den Club. Ab und zu knarrt oder quietscht etwas, dann hustet jemand nervös oder schnaubt auf eine Weise, die verrät, daß er lieber tief geseufzt hätte. Schon klappern irgendwo die Figuren, weil sie zu einer zweiten Partie aufgestellt werden, wobei sich die Gegner mit ein paar gebrummten Fachausdrücken über die

Ursache des Sieges (der Niederlage) verständigen. Die Männer schweigen, wie die Wälder schweigen, nämlich annäherungsweise. Zu hören ist kein Entsetzensschrei, wohl aber dessen Unterdrückung; zu vernehmen ist kein Triumphgeheul, wohl aber der Verzicht auf dieses. Nun nähert sich ein Kellner, der Vorläufer des demnächst anzuschaffenden Getränkeautomaten. Eingeschüchtert durch frühere »Pssst«-Rügen, betritt er zögernd den Raum und flüstert: »Ein Tee.« Der den Tee bestellte, hat vor lauter positionellen Drohungen seinen Durst vergessen und ist auch für den zweiten, schon flehentlichen Ausruf taub. Hierauf bemächtigt sich der Mannschaftskapitän des kalt gewordenen Tees, serviert ihn oder trinkt ihn selbst.

Allmählich kommt Leben in die Bude. Immer mehr Anwesende beginnen zu blitzen, das heißt Partien zu spielen, die in zehn Minuten beendet sein müssen, so oder so. Wer seine fünfminütige Bedenkzeit überschreitet, hat verloren, selbst bei vielversprechender Stellung. Wieviel von der ihm zugemessenen Frist verstrichen ist, registriert und offenbart die Schachuhr, eine Doppeluhr, die nach jedem Zug »gedrückt« werden muß. Gedrückt? Geschlagen, geprügelt wird der zuständige Knopf, als sollte es krachen, als sollte die arme Uhr zertrümmert werden von der Blitze Gewalt. Am meisten haut derjenige drauf, der sich einbildet, binnen kurzem zu gewinnen. Jede Bedienung der Uhr soll dann eine Art Peitschenknall ergeben, ein den eingeschüchterten Gegner vollends demütigendes, intellektuelle Überlegenheit anzeigendes Signal. Wer daheim oder im Beruf derlei nie signalisiert, tut es im Club am unerbittlichsten.

Soziale Unterschiede werden indes ignoriert. Sie mögen geahnt, gespürt, vermutet werden, wirken sich aber nicht aus. Überall gilt: Geteiltes Leid, halbes Leid. Geteilte Langeweile, halbe Langeweile. Auf dieser Erkenntnis beruht das sogenannte gesellschaftliche Leben. Aktive Schachspieler langweilen sich jedoch nicht, sehr im Gegensatz zu ihren nie spielenden Verwandten und Bekannten, die ihnen aus Nächstenliebe, also selten, über die Schulter blicken. Die reinste Fata Morgana folglich: Ein Clubabend mit ahnungslosen, aber angeregten Damen, eine Verbindung von Schau und Schach, eine Nachbarschaft von Champagner und Denkerschweiß, eine Party mit Partien. Dergleichen wird eben nicht veranstaltet. Nie wird Inge, eingehüllt in Schachgeselligkeit, Marion aus den Augen verlieren und sie am nächsten Morgen anrufen, um ihr von Horst vorzuschwärmen; nie wird Marion so tun, als sei Horst ihr kein Begriff, nie Inge hierauf mit Engelszungen erklären, das sei der Typ mit dem Läuferopfer auf h7.

Zurück zur Wirklichkeit, zum Mineralwasser und zu den Amateuren ohne Damenbegleitung. Hartmut blitzt und sagt bei gestiegenem Lärmpegel nun schon zum soundsovielten Mal: »Der frißt alles.« Damit ist gemeint, daß sein Gegner verlieren wird, zuvor jedoch diesen und jenen Stein notgedrungen schlägt. »Der frißt alles«, sagt Hartmut, seitdem er spielt, seitdem er also manchmal gewinnt und seinen Stolz mit einem Ausdruck geheuchelter Gereiztheit verleugnet. Es ist Hartmuts einziger Beitrag zur ohnehin kargen Konversation. Willy hingegen hält den Mund, auch wenn ihm schwer ums Herz ist. Wieder einmal verkneift er sich seine Lieblingsäuße-

rung: »Nur ein genitaler Zug kann mich retten.« Da Willys Züge so wenig genial sind wie diese Bemerkung, fiel sie schon zu oft, klang bald albern und wurde eines Abends auf Lebenszeit unterdrückt.

Bestimmt ist nicht Sonntag, höchstwahrscheinlich auch nicht Montag oder Mittwoch. Einem ungeschriebenen Gesetz zufolge versammeln sich die Clubmitglieder am Freitagabend. Da haben sie die Strapazen des Wochenendes und den in der Freizeit fälligen Kräfteverschleiß noch vor sich. Ausgeruht nach viereinhalb Tagen Berufstätigkeit, erholt von den Anstrengungen des vergangenen Wochenendes, reißen sie sich im Club zusammen wie nicht immer am Arbeitsplatz. Nur ein Sadist könnte von ihnen die ganze Woche über verlangen, was sie freiwillig und unentgeltlich an dem einen Abend leisten. Da ergreift einer, der das sonst nie fertigbringt, die Initiative, und das auch noch mit Schwarz. Da entwickelt ein anderer, der das sonst ablehnt, Phantasie. Da beweist ein dritter, der jedem Examen auswich, wie vorteilhaft es ist, bestimmte Tricks und Kniffe sich angeeignet zu haben. Drei oder vier Stunden lang gibt jeder sein Bestes, auch wenn Erich Kästner gesagt hätte, er solle mehr geben.

Der Letzte macht das Licht aus. Eine Selbstverständlichkeit, die in den Rang einer Redewendung und damit einer Bitte erhoben wurde, weil viele Menschen auch in Kleinigkeiten die Devise »Nach mir die Sintflut« befolgen. Wer aber vergißt, für Finsternis zu sorgen, drückt sich vielleicht auch um die moralische Verpflichtung, das Spielmaterial aufzuräumen. Schließlich können die Uhr und das Brett, die Bauern und die Offiziere nicht sechs Tage und zwanzig Stunden liegenbleiben. Theoretisch sieht das jeder ein, der Pedant wie der Hallodri. Wenn es jedoch mit der Einsicht getan wäre und zwischen ihr und ihrer Beherzigung nicht Abgründe klafften, hätten die Aufklärungsphilosophen mit ihrer Vernunftverherrlichung recht gehabt, hätten die Menschen die Erde schon längst zum Paradies umgestaltet und die Schachvereinsvorstände einen Kummer weniger. Da aber die Effizienz der Einsicht zu wünschen übrigläßt, wird auf der nächsten Jahresversammlung der Clubvorsitzende über Schlampereien und deren Folgen klagen. In vielen Holzkisten, wird er sinngemäß sagen, fehle ein Bauer, und keinem Schachfreund sei bekanntlich zuzumuten, eine Partie mit sieben Bauern zu beginnen. Dann wird der Vorsitzende an die Blamage beim Mannschaftswettkampf gegen »Caissa Neustadt« erinnern. Alle werden sich vergegenwärtigen, wie Caissa am fünften Brett einen Bauern in eine Dame verwandelte, allerdings nur spirituell, weil in der Eile keine zweite weiße Dame aufzutreiben war, wie der fremde Mannschaftskapitän sich mokierte und der Weißspieler etepetete tat und sich weigerte, einen auf den Kopf gestellten Turm als Dame zu akzeptieren, wie ein unbekannter Frechdachs rufschädigend behauptete, der Gastgeber mißgönne dem auf eine zweite Dame Anspruch erhebenden Gast den Sieg, und wie schließlich der am achten Brett sitzende Schriftführer verärgert aufstand und dabei den eigenen kombinatorischen Faden verlor, nur weil irgend jemand begütigend versichern mußte, ein Mißgeschick wie dieses werde sich nicht wiederholen. Der Vorsitzende wird erklären, daß im abgelaufenen Jahr elf Uhren außer

Gefecht gesetzt und sieben Bretter besudelt worden seien, und nach seiner Wiederwahl etliche Clubkameraden inständig bitten, für das ebenso unscheinbare wie undankbare Amt des Materialwarts zu kandidieren.

Die angesprochenen Kameraden werden bedenken, daß es für den ebenfalls nicht zu beneidenden Kassierer immer noch leichter sei, einigen säumigen Mitgliedern hinterherzulaufen, als für den (nicht einmal dem Vorstand angehörenden) Materialwart, den Ruin von Uhren, die Befleckung von Brettern, den Diebstahl von Springern, die Verlegung von Bauern und die Entwendung von Türmen zu verhindern. Der am meisten geeignete Kamerad wird sich innerlich schütteln, denn das Spielmaterial pflegt alles andere als jungfräulich zu sein. Zahllose Personen hinterlassen an ihm ihre Fingerabdrücke, nicht ohne zuvor einen Pickel am Hals befingert, einen Backenzahn von einem Speiserest erlöst oder bei einem kräftigen Hatschi die vorgehaltene Hand benetzt zu haben. Doch anders als die Banknoten, die mehrmals geknickt werden, damit sie in kleinen Hosenhöhlen oder winzigen Portemonnaies eine Bleibe finden, anders also als das Geld, von dem es fälschlicherweise heißt, non olet, bewahren sich Schachfiguren auch nach hektischem Gebrauch ihre Oberflächenstruktur. Der Spieler fiebert sogar danach, seine Fingerkuppen an die gegnerischen Steine zu pressen, da sie es sind, die er schlagen und vom Brett entfernen möchte. Mit dieser Überlegung wiederum tröstet sich der am meisten geeignete Kamerad, eine gutmütige Haut, die sich wehmütig lächelnd zum Materialwart wählen läßt, zum Herren eines abschließbaren Schrankes.

Ist dann noch die Sache mit dem Kranz bereinigt, der einigen Mitgliedern zu teuer war, obwohl der Verstorbene vor 30 Jahren die Clubmeisterschaft gewonnen hatte, kann der Mannschaft alles Gute gewünscht und die Jahresversammlung für beendet erklärt werden. Die Mannschaft. Wieso eigentlich bilden Schachspieler Mannschaften? Individualisten sollten sie sein, Zweikämpfer und somit Einzelkämpfer, selbständig denkende, frei entscheidende, Niederlagen auf die eigene Kappe nehmende Persönlichkeiten. Aber auch solche Menschen müssen Konzessionen machen. Der Vereinsmeierei huldigt das Clubmitglied durch Eintritt in die Mannschaft. In die, nicht in eine, obwohl der Club mehrere unterhält, denn ausschlaggebend ist die Spielstärke. In der Schachmannschaft hält es der Individualist gerade noch aus. Angewiesen auf den eigenen Kopf, muß er auch dort sich alles selber ausdenken, die Vorbereitung des Angriffes, dessen Verschiebung, dessen Abbruch, dessen Wiederaufnahme wie dessen Durchführung. Daß ihm, wenn er herumschlendert, ein Mannschaftskamerad einen brauchbaren Einfall ins Ohr raunt, ist eine beschämende Annehmlichkeit, mit der er nicht rechnen kann. Da sich aber Ehre und Statistik auf das Kollektiv beziehen, ist der Kapitän befugt, dem Individualisten zu verbieten, auf Biegen und Brechen gewinnen zu wollen. Der Einzelmensch wird kapieren, daß der sich abzeichnende Mannschaftssieg durch riskante Eskapaden nicht gefährdet werden dürfe. Manche Mannschaften haben Erfolg in ihrem Landkreis, müssen deshalb auf Reisen gehen und gelangen eines Tages in die Bundesliga. Die Mannschaftsmitglieder haben es dann nicht mehr nötig,

jeden Freitagabend im Club zu erscheinen, doch sind sie den minder begabten Spielern aus der Lokalpresse bekannt.

Im Turniersaal

Tiefe Stille. Kein Lüftchen regt sich, kein Großmeister und erst recht kein Zuschauer. Anhaltende Stille, terminiert auf vier Stunden. Muckst sich jemand im Publikum, kommt der Schiedsrichter, der sonst nichts zu tun hat, aus seiner Ecke hervor und hebt beschwörend die Hände. Sogleich ist der Ausnahmezustand wiederhergestellt, einer, von dem behauptet wird, man würde eine Stecknadel fallen hören. Niemand hört aber eine, sei es, daß keine fällt, sei es, daß Nadeln leiser fallen als gemeinhin angenommen. Die Geräuschlosigkeit im Saal entspricht der Geräuschlosigkeit des Gehirns bei der Arbeit. Nur manchmal summt ein Schädel oder ein Ventilator. Der Absolutheitsanspruch der Ruhe setzt sich gewöhnlich durch. Wer Turniersäle von innen kennt, merkt, wie laut es in Kirchen ist.

Je steiler die Karriere, desto stärker der Glaube des Schachdenkers, er habe ein Recht auf Ruhe im Raum. Bei Großmeisterturnieren wird eine himmlische, bei Weltmeisterschaftskämpfen eine hundertprozentige Ruhe angestrebt. Da die Spieler Gedanken hegen, die sie für sich behalten, gewahrt der Zuschauer eine Pantomime: Stumm sitzen sie, stumm ziehen sie, stumm drücken sie die Uhr, stumm notieren sie ihren Zug, stumm stehen sie auf und vertreten sich die Füße, stumm beäugen sie ein Nachbarbrett und nehmen wieder Platz, stumm sitzen und sitzen sie und wiederholen, was sie vorhin taten. Stumm ist auch ihre gehorsamste

Dienerin, die Elektronik. Das Feld c4 weiß, daß sich auf ihm vor einer Hundertstelsekunde ein Läufer niedergelassen hat, und im Nu weiß das auch jeder Monitor weit und breit. Ein Riesendiagramm zu Häupten der Denker zeigt auf c4 das Symbol des Läufers, desgleichen jeder Bildschirm in den für das zahlende Publikum ebenfalls geöffneten Nebenräumen. Dort halten sich die Brüllaffen auf, die Schwätzer, die Leute mit starkem Mitteilungsbedürfnis, die Fachsimpel, die an Pantomime nicht interessiert sind.

Alles redet durcheinander wie noch zu Beginn des 19. Jahrhunderts im Pariser Café de la Régence, einem namhaften Schachcafé mit namhaften Gästen. In der Mitte stand ein Billardtisch, während die Schachspieler mehr am Rande saßen, darunter Koryphäen, die es ernst meinten mit ihren Zügen. Turniere unter Turnierbedingungen, die auch nicht gleich die sanftesten waren, kennt die Schachwelt seit 1851. Noch sieben Jahre später gewann Paul Morphy, der begnadetste Kombinatoriker seiner Zeit, wenn nicht aller Zeiten, eine köstliche Partie gegen den Herzog von Braunschweig und einen französischen Grafen in einer Loge der Pariser Oper, während auf der Bühne Rossinis ›Barbier von Sevilla‹ gegeben wurde. Nicht immer waren die Hintergrundgeräusche so schön. In jenem Café sah sich die Elite Frankreichs und Englands von Zigarrenrauch umhüllt und von einer Menschenmasse umgeben, die mit ihren kritischen Anmerkungen nicht hinter dem Berg hielt und auch sonst auf angespannte Nerven keine Rücksicht nahm. Ebensowenig sagt heute ein Geschäftsführer zum Besucher eines Restaurants: »Vermeiden Sie jedes überflüssige Wort. Der Philosophieprofessor an Tisch 17 löst gerade das Problem des Seins.« Oder: »Gehen Sie bitte auf Zehenspitzen! Der Herr dort hinten weiß noch nicht, wie er seinen Geschäftspartner reinlegen soll. Der ist nämlich sehr gerissen.«

Damals fehlte die Ruhe, dafür auch die Zeitkontrolle. Manche Spieler überlegten sich einen Zug nicht dreimal, sondern dreihundertmal. Unterdessen hatte der Gegner Gelegenheit zu einem Imbiß, einer Partie Billard oder einem ausgiebigen Flirt. Auch in den modernen Turniersälen denken die Stars, die sich ihre Zeit einteilen müssen, über einen folgenschweren Zug lange und vielleicht noch etwas länger nach. Dann ähneln sie jenen Spaßvögeln, die auf offener Straße zur Salzsäule erstarren, mit keinem Glied wackeln, mit keiner Wimper zucken, minutenlang in Reglosigkeit verharren und erst wieder ein Lebenszeichen von sich geben, wenn die Passanten hinlänglich davon überzeugt worden sind, daß sie keine Lebewesen vor sich haben, sondern Statuen.

Beim Anblick eines Hamlets, der sich nicht entschließen kann, wartet das in respektvoller Entfernung untergebrachte Publikum auf den nächsten Zug, genauer auf einen den nächsten Zug ankündigenden Ruck, auf ein Stichwort aus der Körpersprache. Folgende Gedanken schießen durch die anwesenden Köpfe: »Na, nun wird er doch – wieder nichts. Nur eine Positionsverlagerung des Ellenbogens – aber jetzt – denkste – doch, doch – Irrtum. Er wollte sich wohl am Kopf kratzen, hat aber sogar davon Abstand genommen –. Nun mach schon –. Da, er lehnt sich nach vorn. Meine Güte, er lehnt sich schon wieder zurück –. Leider hat er immer noch viel Bedenkzeit. Aber er wird Springer g5 ziehen, nicht wahr? – Auf eine bloße Geste falle ich nicht mehr herein, auf eine Gebärde auch nicht –. Springer g5 ist vielleicht doch nicht gut. Gehe ich jetzt hinaus, um Luft zu schöpfen, zieht er. Ich könnte ja hinausgehen, damit er zieht, und sofort wieder zurückkehren. Aber dann zieht der Schuft bestimmt nicht –. Soll er nur zur Decke schauen. Vielleicht hängt da der Einfall, ha, ha. – Ach, ich Esel. Turm b1 kommt, das sieht doch jeder. Wieso zieht er nicht Turm b1, der Langweiler? – Endlich, er streckt den rechten Arm vor. Aber natürlich streckt er. Oder? Pustekuchen. Wie angegossen sitzt er da – weiß der Teufel, woran er denkt. Vielleicht an die Südsee. Unser letzter Urlaub war auf Spitzbergen: Einmal und nie wieder. Um Mitternacht brauche ich keine Sonne. Moment mal, er wird doch nicht gezogen haben? Aber ja, er schreibt ja schon. Dame d2? Wieso denn das? Ach so. Ja richtig.«

Ein Hoch auf die Elektronik, die ohne Verzug die Dame auf d2 plaziert. Früher war das die Aufgabe eines nach Menschenmaß langsamen Knaben, der sich zu solchen Zwecken aus einer Ecke näherte, einen langen, fragenden Blick auf das Brett warf, hierauf zum Demonstrationsbrett schritt und dort in der vertikalen Vergrößerung das Ereignis nachvollzog, worauf das Publikum es wahrnahm. Diesmal wäre der Knabe, vermutlich ein Angehöriger der ortsansässigen Jugendmannschaft, schon halb eingeschlafen oder geistig weit entfernt gewesen. Er hätte das informationshungrige Publikum fünfzig Sekunden lang warten lassen, bevor er sich kundig gemacht und eine Dame mit Magnethaftung am

Demonstrationsbrett befestigt hätte. Die Leute hätten ihn wohl am liebsten erwürgt, doch passiert wäre ihm bestimmt nichts. Der Zuschauer schaut ja nicht bloß zu. Er sympathisiert, überblickt, bedenkt, kombiniert, stutzt, rechnet, fiebert, seufzt (heimlich), erschrickt, stöhnt (lautlos), verwirft, berücksichtigt, verwünscht, schwitzt, ahnt, plant, verzweifelt und hofft. Kurzum, er hat ein reiches Innenleben. Zuweilen ist er auf der richtigen Spur und sich dessen sogar völlig sicher. An einem Sommernachmittag des Jahres 1976 war im schweizerischen Biel die Viertelstunde gekommen, die ein Gemeinschaftserlebnis heraufbeschwor, wie es unter Zuschauern mit notgedrungen unterschiedlicher Spielstärke selten ist. Das an die Wand geworfene Diagramm vor Augen, erkannten Kenner und Patzer, daß Robert Hübner ein Matt in vier Zügen hatte, ein unabwendbares Matt. Er brauchte es nur auszuführen. Statt dessen zauderte er und sann. Wahrscheinlich sah er Gespenster. Nie ist ein Hirn auf so überflüssige Weise gemartert, nie ein ohnehin rot angelaufener Kopf mit geringerer Berechtigung von seinem Besitzer dauernd massiert worden. Nie aber hat auch ein Mensch mit größerer Unverfrorenheit dargetan, wie unklug es ist, sich mit der Anerkennung von Realitäten zu beeilen. Tigran Petrosjan hätte schon längst aufgeben können, zumal er in fürchterlicher Zeitnot war. Er meinte jedoch, im Angesicht eines sich wundersamerweise geistig verheddernden Gegners sei Realismus Dummheit. Seelenruhig ging er auf und ab, blieb dann wie das Verhängnis in Person vor Hübner stehen, verschränkte die Arme und genoß die Schachblindheit eines altgedienten Spielers.

Das Publikum verhielt sich vorbildlich, nämlich vollendet passiv. Es wunderte sich in gebotener Stille und unterdrückte sämtliche in Dezibel zu messenden Reaktionen. Niemand sprach mit fester, klarer Stimme frank und frei die Wahrheit aus. Nicht einmal die Rheinländer begaben sich an den Spieltisch, um ihrem Landsmann mitzuteilen, eigentlich habe er gewonnen, falls er das noch nicht wissen sollte. Keiner riet ihm freundschaftlich, erst mit der Dame, dann mit dem Turm Schach zu bieten. Später erwähnte das Turnierbuch einen Londoner Schlachtenbummler, der »God save the King« gemurmelt habe. Und siehe da, der König wurde gerettet. Hübner konnte die Gespenster nicht vertreiben, zog falsch und verlor die Partie. Der deutsche Großmeister, ein bekennender Pechvogel, hat inzwischen ein Buch unter dem Titel ›Fünfundfünzig feiste Fehler‹ veröffentlicht. Natürlich hätte er ebensogut über neunundneunzig nennenswerte Niederlagen oder sechsundsechzig saftige Siege berichten können, doch waren ihm die Fehler lieber, zu denen er allerdings seinen schweizerischen nicht zählte. Hielt er ihn für eine sich jeder Erklärung entziehende Naturkatastrophe? Immerhin wäre eine Erklärung die, daß Petrosjan sein Angstgegner war – seit ihrem Wettkampf in Sevilla.

Keine tiefe Stille. Nicht einmal ein ›Barbier von Sevilla‹. Andalusischer Straßenlärm war in jenen Saal gedrungen, in dem die beiden Weltmeisterschaftskandidaten Petrosjan und Hübner um das Recht kämpften, einem weiteren Kandidaten begegnen zu dürfen. Zu seinem Vorteil hatte es Petrosjan an den Ohren und trug deshalb ein Hörgerät, das er bei Bedarf abschaltete.

Hübner hingegen litt unter seiner den Gehörgang, Hammer, Amboß und Steigbügel umspannenden Gesundheit. Der Schiedsrichter war machtlos und hatte nichts dagegen. Hübner verlor das Match. Was er gebraucht hätte, wäre ein Ohrlid gewesen, ein Pendant zum Augenlid, ein Körperteil, der noch wachsen müßte, oder ein Schachartikel, wirkungsvoller als Oropax.

Das Ohrlid wäre eine Klappe oder eine Art Jalousie, eine Vorrichtung jedenfalls, die der Träger eines Ohrs, um sich vor Schallwellen zu schützen, aus freien Stücken vor das Trommelfell schöbe. Nach dem Vorbild des Augenlides wäre das Ohrlid anstandslos zu öffnen, sobald ein Vogel oder Rossinis Barbier sänge, sobald jemand etwas Zärtliches oder zumindest Vernünftiges sagte. Die Lobhudler der Schöpfung, die Propagandisten der Natur werden nun dozieren, es sei weise gewesen, dem Menschen und Spieler das Ohrlid vorzuenthalten, weil tausend Gefahren die Höflichkeit besäßen, sich akustisch anzumelden. Entschuldigung, aber im Augenblick sind wir im Turniersaal. Sollte jemand die Straßenverkehrsordnung um die Bestimmung verlängern wollen, Autofahrer hätten beide Seitenlider wegzuziehen – bitte sehr. Deswegen aber brauchen doch die Ohren der Schachwettkämpfer nicht mitzubekommen, wie in der Tiefe des Saales ein Taschentuch benützt und ein Bonbon ausgewickelt wird!

Der Zuschauer, der in seinem Idealismus bereit ist, vier Stunden lang zu schweigen und zu schleichen, mitzudenken, nur zwei Drittel zu kapieren und dafür Eintritt zu bezahlen, erwartet sich von einem Turniernachmittag mit, sagen wir, zwölf Spielern im Grunde seiner unterhaltungsbedürftigen Seele folgendes: Daß zwölf Personen sich aus guten Gründen, also nicht aus Furcht vor Gespenstern, das Hirn zermartern. Daß die Gedankenblitze, wenn auch unsichtbar, zucken. Daß Schwindel ihn ergreift beim Studium der Nebenvarianten. Daß im Verlauf der Abenddämmerung die Hälfte des personellen Aufgebots beschämt, zermürbt, geknickt, auf jeden Fall geschlagen von dannen zieht. Statt dessen wird er Zeuge, wie zwei Paare remisieren, kaum daß sie die Eröffnung hinter sich gebracht haben. Wie ein Paar eine verquere Stellung aufbaut und ebenfalls remisiert. Wie ein anderes Paar so lang um die Wette kombiniert, bis es nichts mehr zu kombinieren gibt und das vierte Remis entsteht. Wie auf den vier Brettern der Schiedsrichter aus Langeweile die Figuren für morgen aufstellt. Wie es am fadesten Brett zu einem plumpen Fehler kommt und darauf zu einer allgemeinverständlichen Niederlage. Wie am zweitfadesten Brett sich eine Hängepartie ergibt, Fortsetzung 22 Uhr.

Die Meister kriegen ihr Geld auch dann, wenn sie keine Meisterwerke liefern. Niemand kann sie dazu zwingen, weder die norddeutschen Neunmalklugen noch die süddeutschen Siebengescheiten. Schon mancher Veranstalter hat dutzendweise Koryphäen zu Tisch gebeten, sie beherbergt, verköstigt, bemuttert und bezahlt, um schließlich mit leeren Händen und durchschnittlichen Partien dazustehen. Warum verfängt die Methode nicht, bei gutem Preisangebot auf der prompten Lieferung von Spitzenerzeugnissen zu bestehen? Weil viele Köche den Brei und zwei Urheber die Partie verderben.

Der Verlierer, auf den der Sieger angewiesen ist wie der Torero auf den Stier, der Seelsorger auf die Sünde und der Heiratsvermittler auf die Ehelosigkeit, treibt nämlich, ohne es zu wollen, Sabotage, indem er sich zwei, drei Allerweltsirrtümer leistet, die ausgeschlachtet zu haben dem Gegner zwar einen Punkt, jedoch keine Glorie einbringt. Erwünscht ist der hochintelligente Fehler – und wir alle wissen, wie schwierig es ist, ihn zu begehen.

Glück muß die Schachwelt haben, damit die wirklich große Partie zustandekommt. Wohlweislich sprechen die Experten, wenn sie Gegnerschaft meinen, von Paarung. Da unter Großmeistern Inzucht herrscht – wer paart sich schon mit einem Patzer? – sind Weiß und Schwarz gute alte Bekannte, die gelernt haben, sich taktisch aus dem Weg zu gehen und nicht mehr aufeinander hereinzufallen. Plötzlich allerdings, kein Mensch weiß warum, bieten sie beste Qualität. Derlei passiert aber auch in den unteren Güteklassen. Eine graue Maus mag ja lebenslang zwischen Routine und Pfusch pendeln – eines Freitagabends hat ihr ebenso mausgrauer Gegner einen tollen Einfall und sie einen noch tolleren, so daß eine Zugfolge geboren wird, nach der sich die Beobachter zähflüssiger Weltmeisterschaftsduelle die Finger lecken würden.

Hin und wieder stiftet jemand einen Schönheitspreis. Alle unterstellen dem Mäzen, ihm schwebe eine Partie von gepfefferter Eleganz vor, nicht zu lang und nicht zu kurz, mit einem kombinatorischen Feuerwerk am Schluß. Dann wird vierzehn Tage lang gestritten, doch die Brillanz will sich nicht einstellen. Die spärlichen

Siege sind rechtschaffen errungen, brav erzielt oder einfach nur aus gegnerischer Unbeholfenheit zustandegekommen. Folglich wird mit dem Preis, nachdem er schon einmal da ist, die Schönheit nur angeblich geehrt, in Wirklichkeit jedoch ein relativer Mangel an Häßlichkeit. Die arme Jury nutzt den Umstand, daß Schachbrettschönheit noch nie verbindlich definiert worden ist. Drei Wochen hernach wird in einer anderen Stadt eine anthologiereife Glanzpartie erzeugt, doch da ihr Glanz nicht angekündigt wurde, ist niemand auf die Idee gekommen, vorher eine Anerkennung in bar zu hinterlegen. Der mehrmals schönheitspreisgekrönte Aljechin hat einmal betrübt festgestellt, daß gerade seine herrlichsten Leistungen der Nachwelt undekoriert überantwortet worden seien.

Um zu werden, bedarf Schönheit der Muße, hier der Bedenkzeit. Daß sich eine Sehenswürdigkeit herauskristallisiert, ist bei gemächlichen Gedankengängen wahrscheinlicher als bei überstürzten. Mit unästhetischen Ausgeburten muß gerechnet werden, wenn die Spieler anfangs mit der Zeit nicht haushalten und deshalb vor der Zeitkontrolle im 40. Zug blitzen müssen. Schach wird, weil es pervertiert und in der Eile Glücksspielelemente in sich aufnimmt, in Zeitnot sehr aufregend. Hat der ausharrende Zuschauer zuvor mit dem Stillstand gehadert, kann es sein, daß er jetzt, da es Schlag auf Schlag geht, den elektronischen Anzeigen intellektuell nicht mehr zu folgen vermag. Wie aber hätte erst jener Knabe versagt, der lange, fragende Blicke werfende Angehörige einer Jugendmannschaft, wenn er zum Demonstrationsbrett hätte eilen müssen! Die Zuckungen der

Profis, verursacht durch die hektischen Ortsveränderungen der eigenen Figuren, die hurtige Beseitigung gegnerischen Materials, die hastige Bedienung der Uhr, die knappstmögliche Protokollierung der Züge (jeweils nur ein Haken), beeinträchtigen die tiefe Stille kaum. Das bewerkstelligt erst eine noch nicht ganz eingebürgerte Sympathiebekundung, der Applaus nach einem Sieg (einer Niederlage). Sich zu verbeugen und dabei unschuldig zu lächeln, haben die Großmeister noch nicht gelernt. Sie trollen sich einfach, als hätten sie die Musik in ihren Ohren nicht vernommen.

Nachteilige Vorzüge

Der Ruf, den das Schachspiel genießt, ist so zutreffend, wie es ein Ruf, ein Gemunkel also, nur sein kann. Die Laien wittern tausend Schwierigkeiten und eine Menge Scharfsinn, und die Laien haben recht. Ausnahmsweise sind Wert und Wertschätzung Nachbarn. Der Öffentlichkeit hat sich eine gewisse Ehrfurcht bemächtigt – nur eine gewisse, denn zu Exzessen der Hochachtung ist dem Schach gegenüber niemand aufgelegt. Nun finden sich unter den Spielern Angeber, die so tun, als hätten sich ihre Kenntnisse ohne ihr Zutun eingestellt, prompt und gratis, durch Musenküsse oder die Huld der Götter. Die Leute glauben nicht daran und tippen auf Ehrgeiz und Arbeitsschweiß, glauben auch nicht an Caissa, das für die Schachspieler zuständige und von diesen in grauer Vorzeit erfundene höhere Wesen, das je nach stilistischem Bedarf als Muse oder als Göttin apostrophiert wird. Die Laien wissen, daß die Spieler mehr wissen als sie. Immerhin. Soviel zu wissen, daß sie bemerken, nichts zu wissen, nehmen, unter Berufung auf Sokrates, gewöhnlich nur die Philosophen für sich in Anspruch. Das aber ist Koketterie und wird die Kultusministerien nicht veranlassen, den Philosophieprofessoren die Gehälter zu streichen. Allerdings gewahrt erst der Kenner das wahre Ausmaß seiner Unkenntnis – ein Stachel, der den anspruchsvollen Grübler besonders pikt.

Leider hängt die Ehrfurcht mit der Furcht zusammen. Die Furcht vor geistiger Mühsal nährt sich von einem

Widerwillen gegen unbezahlte Tätigkeit. Nur Großmeister können von Sponsoren oder von einem Schachverband leben. Wieder einmal bleibt nichts anderes übrig, als eine Sache um ihrer selbst willen zu tun, was einem Spruch zufolge deutsch sein soll. Es ist nicht zu fassen, welcher Unsinn, mit Vorliebe von Deutschen, über die Deutschen verzapft wird. Stimmte jener Spruch, wären unzählige Russen, Weißrussen, Ukrainer, Kasachen und Kirgisen deutsch. In Wirklichkeit lassen die meisten Deutschen von dem Spiel die Finger. Solche Furchtehrfurcht empfand zum Beispiel ein anständiger Römer vor einer vestalischen Jungfrau, die er weder berührte noch begehrte. Mancher Sohn des Computerzeitalters berührt gerade einmal einen hölzernen Pferdekopf, um den Rösselsprung auszuprobieren. Aha, und der Turm zieht so. Der Läufer darf doch in jede Richtung laufen? Ach so, das darf die Dame. Ja, ich sehe schon. Nein, ich muß nicht wissen, was die Bauern anstellen, obwohl es höchstwahrscheinlich höchst interessant ist. Danke, es genügt. – Wer so spricht, wird die Figuren fortan meiden. In berechtigter Sorge um seine Gemütsruhe wird er auf nähere Bekanntschaft mit tausend Spitzfindigkeiten samt Dunkelziffer verzichten.

Das war der erste Vorzug und zugleich Nachteil. Der zweite: Das Spiel ist sehr alt. Wie alt? Älter. Die Spuren verlieren sich im Nebel der Frühgeschichte und im Dunkel der Vorgeschichte. Wenn sie mit ihrem Latein am Ende sind, werden auch Altertumsforscher poetisch. Natürlich nehmen sie nicht an, daß die ersten Adepten dauernd im Nebel steckten und sich bei Neumond ans Brett setzten. Auf der Suche nach dem Ursprungsland verschlägt es einige Wissenschaftler geistig immer wieder nach Indien, andere nach China. Wahrscheinlich war es ein Land, in dem die Menschen nach Menschenart schlecht und recht lebten, sich ab und zu liebten, einander selten lobten und sich gerne labten, ein Land wohl, das es versäumte, für die Schachhistoriker der Neuzeit notariell beglaubigte Urkunden zu hinterlegen. In der Geschichtswissenschaft gilt das Prinzip der Schriftlichkeit. Möglicherweise waren die ersten Spieler Analphabeten, denn um einen Gegner kombinatorisch zur Verzweiflung zu treiben, muß niemand lesen und schreiben können. Bestimmt krochen sie nicht auf allen vieren, wenngleich 64 Felderchen auch in Mutter Erde zu ritzen wären. Wer der Abstraktion fähig ist, der Strategie und der geistigen Schadenfreude, bewegt sich eben nicht als Vierfüßler. Vielleicht ist es gar nicht schlecht, wenn uns Geburtsort und Geburtsjahrtausend verborgen bleiben, denn deren Kenntnis würfe die Frage auf, wie es denn die zuvor lebende Menschheit ohne Schach überhaupt habe aushalten können. Das ist ja das Manko jeder wirklich neuen Erfindung: das stillschweigende Eingeständnis, daß es ohne sie auch ganz gut gegangen war. Ein Hauch von Ewigkeit adelt jede Betätigung. Mit der Abneigung der weisen Griechen und der schlauen Römer gegen unser kluges Spiel ist diesem schon genügend welthistorische Unbill widerfahren.

Das Schach hat sich manche Änderung seiner Regeln gefallen lassen, ist aber nie gestorben. Es hat den Härtetest der Zeit bestanden. Die Zeit ist eine routinierte Konkursverwalterin, eine erprobte Rufmörderin, eine bewährte Verleumderin, eine Gift und Galle speiende

Kritikerin und eine Schlaf- und Betäubungsmittel verabreichende Krankenschwester. Wer heute annimmt, er sei ein berühmter Mann, mag sich in einer besinnlichen Viertelstunde einmal fragen, welcher Hahn denn in hundert Jahren noch nach ihm krähen wird. Günstigenfalls ist dann sein Ruhm auf einer Datenbank eingeschlafen. Oder es kümmert sich um ihn ein Anfänger, ein Doktorand. Der könnte auf ein abseitiges Thema angewiesen sein, die Kümmernisse des Jahres 2000 nicht verstehen, die Unsitten belächeln, die Sitten noch mehr, die Ideale erst recht und sein Studienobjekt durch irreführende Behandlung endgültig der Vergessenheit überantworten. Das königliche Spiel hingegen hat nicht nur quicklebendige Könige überlebt, sondern auch agile Königsmörder, ja stabilste Königreiche. An ihm muß etwas dran sein. Wer sich ihm widmet, hat einen gediegenen Zeitvertreib gewählt.

Uralt kann aber nicht brandneu sein. Die Novität mag keinen Schuß Pulver wert und dem Härtetest der bevorstehenden Jahre nicht im mindesten gewachsen sein – fürs erste erregt sie Aufmerksamkeit. Warum? Weil auch der unauffällige Mensch einmal auffallen möchte. Ist sein Gemüt bieder, sein Geist schlicht, sein Charakter schwach, sein Charme trocken, sein Gesicht ausdruckslos und nicht nur sein Teint blaß, ist er kurz gesagt das, was der unerbittliche Schopenhauer »Fabrikware der Natur« genannt hat, dann fällt es ihm schwer, sich bemerkbar zu machen. Da hilft ihm die neueste Neuigkeit. Erinnern Sie sich? Da war doch der Sport, einen dünnen Holzreifen in der Luft schweben zu lassen. Das geschah in Gürtelhöhe, durch rhythmische Schlangenbewegungen der umkreisten Hüften. Das war in mancher Hinsicht das Gegenteil von Schach, wollte jedoch gelernt sein und wurde gelernt, denn es stach in die Augen und lenkte bewundernde Blicke auf die sich windende Person. Als die Blicke ausblieben, versiegte auch das Bedürfnis, mit einem Holzreifen zu spielen. Verzichtet sei hier auf die goldrichtige Anmerkung, daß unmodern nur werde, was einst modern war. Neuerungssüchtige Zeitgenossen lassen sich nicht irritieren, machen vielmehr eine Mode, eben weil sie vergänglich ist, besonders rasch und besonders gründlich mit. Das Schach mit seiner ewig langen Tradition ist nichts für sie.

Der dritte Vorzug, auch er ein Nachteil: geringe Kosten. Ein auf dem Flohmarkt erstandener Figurensatz samt Brett hält länger als ein Menschenleben, und wenn er nicht zu vererben ist, liegt das an den Erben und nicht am Material. Auch einrollbare Spielflächen aus Wachstuch und zusammenklappbare aus Kunststoff erfüllen ihren Zweck und heißen Bretter. Sie sind allemal billiger als die Bretter der Skifahrer, um nur ein Utensil unter vielen zu nennen, die den Wintersport, verglichen mit dem Denksport, zu einer kostspieligen Angelegenheit machen. Der Schachspieler, der Schneebrille nicht bedürftig, auch nicht einer straffen Hose und speziellen Schuhwerks, zahlt weder für die Reise zum Schnee noch für die Fahrt mit einem Lift. Gewöhnlich braucht er einen Tisch und ein weiteres, für unsere Zivilisation charakteristisches Möbelstück, einen Stuhl.

Hauptaufgabe einer ordentlichen und meistens sitzenden Sekretärin ist es, am Telefon ihren Chef mit der

Lüge zu verleugnen, er sei in einer Sitzung. Parlamentskandidaten wollen eines Sitzes wegen gewählt werden. Auch der Leidenschaft wird sitzend gefrönt, sei es hinter dem Steuer, sei es vor dem Fernsehapparat. »Nehmen Sie doch Platz« ist eine der wenigen Höflichkeitsfloskeln. Es wimmelt von Stühlen, Sesseln und Fauteuils, von unzähligen Sitzgelegenheiten zwischen Thron und Melkschemel. Sogenannte bequeme Stühle sind dem Spieler unbequem, weil in ihnen der Podex, aus unverständlichen Gründen Allerwertester genannt, so tief gelagert ist, daß der mit ihm über die Wirbelsäule verbundene Kopf die Stellung mehr von der Seite als von oben betrachtet. Weltmeisterschaftskämpfer, die Ansprüche stellen dürfen, bevorzugen den verstellbaren Lehn-, Dreh- und Kippstuhl mit eigens angefertigter Polsterung. Für die weniger arrivierten Spieler tut es ein Küchenstuhl, denn auch er gestattet die Auseinandersetzung.

Akustisch ist die einschläfernde Wirkung des Sechs-Silben-Wortes »Auseinandersetzung« noch größer als die des Fünf-Silben-Sedativs »Herausforderung«. Vokabeln wie »Ruhe« und »Stillstand« klingen da geradezu fetzig. Was aber heißt denn »sich auseinandersetzen«? So plappern die Leute, wenn sie sagen wollen, daß geschossen wird, daß zwei Gruppen sich gegenseitig die Schädel einschlagen, daß gebrüllt wird, weil die Meinungen unterschiedlich sind. Doch hören wenigstens Sie genau hin! Der wahre Wortsinn ist, daß zwei Individuen ihre jeweiligen Gesäße voneinander entfernen und in gehörigem Abstand gegen eine andere Sitzfläche pressen. Demnach wäre jenen Personen, die drauf und dran sind, handgreiflich zu werden, eine wohlverstandene Auseinandersetzung nicht auszureden, sondern anzuraten. Ehepartnern wiederum, die in Gefahr schweben, sich auseinanderzuleben, sollte von irgendwelchen Eheflickern nicht auch noch empfohlen werden, sich offen und ehrlich auseinanderzusetzen. Das ist eben etwas für Schachspieler. Sie haben den Tisch zwischen sich und sitzen nicht händchenhaltend auf dem Kanapee.

Theoretisch könnte auf dem Tisch ein Pappdeckel mit 64 aufgemalten Feldern liegen, bestückt mit Papierfetzen, auf denen Buchstaben wie L oder S oder K die Anwesenheit bestimmter Figuren andeuten. Die Gedanken dürfen nicht primitiv sein, das Material schon. Dr. B., von den Nazis in ein Hotelzimmer gesperrt, benützte an Brettes Statt sein grobkariertes Bettuch und als Figuren geknetete Brotkügelchen. Der von Stefan Zweig erfundene Dr. B., ein heutzutage altmodischer Typ mit Umgangsformen und Allgemeinbildung, brauchte schließlich nicht einmal mehr Brot und Bettuch, weil er sich vor seinem inneren Auge jede beliebige Position und Positionsentwicklung zu vergegenwärtigen vermochte. Stefan Zweigs ›Schachnovelle‹ ist der beste Beitrag der Belletristik zur Schachliteratur. Geschildert wird darin auch ein mittlerweile hochmoderner Typ, ein Weltmeister namens Mirko Czentovic. Das ist ein beispielhafter Fachidiot, ein Einfaltspinsel mit Spezialbegabung, ein Mann mit Brett, das er nur dann nicht vor dem Kopf hat, wenn es zwischen ihm und seinem Gegner liegt. Zweig erriet und traf Schachgeheimnisse, die von einem Laien, dessen Leben die Prosa ist, nur sehr schwer zu erraten und zu treffen sind. Nur in einem

Punkt irrte er. Die zur Bezwingung eines Weltmeisters nötige Spielstärke gründet sich nie und nimmer auf das Studium von nur 150 Partien. Mit seinen Brotkügelchen hätte Dr. B. mindestens 950 Meisterstreiche nachempfinden müssen.

Die Tendenz zur Ärmlichkeit, gestützt auf eine weltweite Bescheidenheit des Lebensstils, ist frühzeitig als Nachteil empfunden worden. Kaum spielt er, möchte der Mensch nicht nur gewinnen, sondern sich mit seinem Spiel auch dicketun. Der Hang zur Prahlerei sitzt tief in seiner Seele, zumal er spürt, daß eine zeitraubende Beschäftigung, die mehr sein soll als ein Spleen, auf gesellschaftliche Achtung angewiesen ist. Wie aber den Leuten klarmachen, daß Schach und Luxus gute Freunde sind? Es hätte jemand auf die Idee kommen können, eine Art Frackzwang einzuführen. Wäre das Spiel als kultische Handlung ausgewiesen worden – für Zeremonienmeister eine Kleinigkeit –, hätte sich eine Kleiderordnung eingebürgert. Die viel zu moderne Frage, was der Faltenwurf mit dem Mattangriff zu tun habe, wäre zwar ehrlicherweise mit »nichts« zu beantworten gewesen, aber auch mit dem Hinweis, daß dieses Nichts keine Rolle spiele. Festliche Kleidung anzulegen ist eine Huldigung, auch wenn jeder sich denken kann, daß sie noch keinen Ballgast amüsanter, keinen Opernbesucher musikalischer, keinen Kirchgänger frömmer und kein Geburtstagskind jünger gemacht hat. Wer weiß, vielleicht täte der Schachwelt ein modisches Accessoire selbst heute noch gut, ein Käppi etwa oder ein Gürtel wie beim Judo. Doch die Schachgeschichte setzte andere Akzente. Die Sehnsucht nach Pracht, Prunk und Protzerei wurde mit Schachfiguren befriedigt, mit 32 Beispielen kunstgewerblicher Ausschweifungen.

Der Mensch hat 32 Zähne, in denen er zuerst nur Beißwerkzeuge, dann aber auch Vorzeigestücke erblickt. An Schachfiguren entzündet sich die schöpferische Phantasie zwar leichter als an Zähnen. Doch ob er diese oder jene lächelnd zeigt, es liegt ihm daran, Neid zu erregen. Jawohl, Neid. Dieser ist ein Wirtschaftsfaktor, denn wäre er unbekannt, würde der Wohlstand trotz aller Annehmlichkeiten nur den halben Spaß machen. Der entfachte Neid schmeichelt freilich nur, solange er nicht giftig wird, woraus sich die Absurdität erklärt, daß reiche Leute ihn als gesellschaftliches Grundübel verdammen, nachdem sie ihn herausgekitzelt haben. Es handelt sich da um ein seit jeher beliebtes Spiel mit dem Feuer. Zum Zeichen dafür, daß sie den Neid für normal und menschlich hält, reiht die katholische Kirche ihn unter die Todsünden ein. Denn der Sünder, alias der Durchschnittsmensch, soll nicht an Absonderlichkeiten und Abstrusitäten zu erkennen sein, sondern an Alltäglichkeiten wie auch der Faulheit, der Wollust und dem Zorn.

Der Neid entzündet sich an der Materie, nicht am Geist. Das Schach, das viel mit dem Intellekt und wenig mit dem Interieur zu tun hat, bietet da ein Paradebeispiel. Selten wird einer wegen seiner Spielstärke beneidet. Doch werden neidische, nicht nachdenkliche Blicke auf weiße und schwarze Felder fallen, die aus weißem und schwarzem Marmor gearbeitet sind, und wenn nicht das, dann eben aus Perlmutt und Schildpatt.

Ein Einfallsreichtum, wie er jedem Spieler zu wünschen wäre, erweist sich an der Modellierung der Bauern und Offiziere. Im Verlauf der Jahrhunderte kämpften auf unserem kleinen Geviert die Römer gegen die Karthager, die Kreuzritter gegen die Sarazenen, die Habsburger gegen die Valois, die Kommunisten gegen die Kapitalisten. Kirsche, Ebenholz, Bronze, Glas und, wenn es denn sein muß, Steingut oder Knochen. Applikationen aus Edelsteinen, warum nicht? Aus Elfenbein entstand im 14. Jahrhundert ein Läufer, kein schlanker Jüngling, sondern ein Bischof zu Pferd, begleitet von fünf Mönchen und umgeben von vierzehn Armbrustschützen – all das wohlgemerkt eine Figur, ein Läufer halt, diagonal zu bewegen. Den engagierten Spieler, der einen Stein in einer Hundertstel Sekunde identifizieren und nicht in mehreren Sekunden enträtseln möchte, irritiert derlei. Er akzeptiert zwar einen Pferdekopf als Springer, vielleicht noch einen Elefanten als Turm, kaum aber einen Löwen, der eine Löwin sein soll, als Dame oder einen Leoparden als Läufer. Die Fachkraft schätzt den genormten Läufer. Der ist ein Bischof solo, ein reichlich abstrakter Bischof, einer, der nur aus Bischofsmütze besteht, wobei die Mitra auch noch auf eine Kerbe im Holz reduziert worden ist. Auf Englisch heißt der Läufer »bishop«, wie denn auch in England der im heutigen Turnierschach gebräuchliche Läufer und dessen hölzerne Kumpane kreiert worden sind.

Die Profis bezeichnen sie als »Staunton-Figuren« und versündigen sich damit an Nathaniel Cook, der die schlichten, also nicht zu kostspieligen, aber hübschen und vor allem mühelos zu unterscheidenden Gebrauchsgegenstände um 1830 herzustellen begann. Cook hatte zwar seinen und damit einen, aber eben nicht den Namen, den Howard Staunton hatte. Dieser war Weltklassespieler, Shakespeare-Forscher und unehelicher Sohn des Grafen von Carlisle. Genügte das nicht? Es genügte nicht. Staunton mußte partout auch noch der Erfinder des internationalen Schachturniers werden, obwohl Erfinder ersetzbare Menschen sind. Hätte Staunton seine organisatorische Idee verschwitzt, wäre bald ein anderer auf sie gekommen, so nahe liegt der Gedanke, denkende Ausländer um die Wette denken zu lassen. Auch der Blitzableiter wäre, wenn nicht von Franklin, dann eben vom nächsten Besten erfunden worden, wie auch das Telefon, dieser Hausfriedensbrecher, über kurz oder lang seinen Einzug gehalten hätte, wenn sowohl Reis als auch Bell in zartem Alter von einem nicht abgeleiteten Blitz erschlagen worden wären. Doch Staunton war es, der sein Turnier bekam. Genügte das nicht? Es genügte immer noch nicht. Cooks Figuren, viel zu eigenartige Schöpfungen, als daß sie der Welt auch von einem Smith oder Wilson hätten geschenkt werden können, sollten ein Geschäft sein und wurden deshalb auf den Namen Staunton getauft. Sie werden ihn so schnell nicht ablegen.

Der Nachteil des vierten Vorzugs ist offenkundig. Schach taugt nicht fürs Fernsehen, Schach live natürlich, das eitel Nachdenklichkeit ist und der Inbegriff der Unsichtbarkeit. Denken, diese edelste aller menschlichen Aktivitäten, läßt sich nicht fotografieren. Zappeln ist was für den Bildschirm, herumfuchteln desgleichen, hin und her rennen auch. Glaube niemand, der Geist könne populär werden, wenn es eines Tages doch gelänge, Überlegungen original zu filmen, etwa nach Injektion eines Kontrastmittels. In den meisten Wohnzimmern bräche Langeweile aus, denn die Koryphäen denken nicht nur überhaupt, sondern auch noch kompliziert und abendfüllend. Halbwegs telegen ist das Drumherum, der schwadronierende Kommentar, das Gestottere des Verlierers oder das Cocktailkleid der Lebensabschnittsgefährtin. Kluge Menschen wollen ihre Gedanken verbergen, weshalb sie sich der Sprache bedienen, die nach Meinung Talleyrands eigens zu diesem Zweck geschaffen wurde. Tarnung bietet auch die Schweigsamkeit, zumal die sachlich gebotene. Wohl verrät jeder Zug einen Gedanken, aber eben nur einen, während die übrigen zehn oder zwölf persönliches Geheimnis bleiben.

Ein galantes Kapitel

Marcel Duchamp malte surrealistisch und spielte realistisch Schach – bis er eines Tages nur noch Schach spielte. Damit unterschied er sich von Salvador Dali, der zwar hin und wieder Schach spielte, zum Beispiel mit Marcel Duchamp, der bildenden Kunst aber erhalten blieb. Nebengedanke: Wieso eigentlich immer diese Treue zur Berufung? Warum wird einer, der zwei Romane verfaßt hat, nicht Choreograph und nach weiteren zwanzig Jahren Landschaftsarchitekt? Das Leben wäre abwechslungsreicher und die Jugend auf unbiologische, aber intellektuelle Weise immerwährend. Dies nebenbei. Ein Tausendsassa aber war auch Duchamp nicht. Obwohl er John Cage begegnete, mit dem er Schach spielte, unterließ er es, auf seine alten Tage Komponist zu werden.

Als Schachspieler brachte er es immerhin soweit, daß Tartakower und Kmoch, zwei Profis, sich nicht zu gut dafür waren, ihn eigens zu besiegen, und der alte Marshall, ein noch gewandterer Profi, gegen ihn remisierte. Sein hübschester, vielleicht sogar sein jüngster Gegner war Eve Babitz. Kein Fachmann kennt sie, doch dafür kannte Marcel sie um so besser. Auf einer Leinwand hätte Eve nicht nur eine gute Eva, sondern auch eine tadellose Venus oder eine einwandfreie Leda abgegeben. Während jemand fotografierte, saß sie am Schachbrett, bar aller Textilien. Wie gut, daß Marcel gemalt hatte, bevor er nur noch Figuren schob. Hätte er nicht gelernt,

von einem Modell den Blick zu lösen und auf den Strich zu achten, hätte er sich, die Brille auf der Nase, die Krawatte am Hals und auch sonst bürgerlich gekleidet, unmöglich auf seine Stellung konzentrieren können.

Ein bißchen nackt war auch Lydie Sarazie-Levassor, als sie sich eines Nachts vom gemeinsamen Lager erhob, ihres Liebsten Schachbrett aufsuchte und alle Figuren festklebte, die Duchamp ein paar Stunden später bewegen wollte und nicht konnte. Rache. In seinen Flitterwochen hatte Marcel nämlich den ersten Abend in einem südfranzösischen Schachclub verbracht und nach seiner Ankunft bei der wartenden Lydie erst einmal noch eine Partie nachgespielt. Damit kein falsches Bild entstehe: Die meisten guten Spieler fangen weder zu malen an, noch eröffnen sie ihren Honigmond im Club. Ungeachtet ihrer Fähigkeit, sich mit irgendwelchen Frauen in die Haare zu geraten, schätzen sie keine weiblichen Gegner am Brett. In der Schachwelt ist der Kampf der Geschlechter ausgeblieben – bis vor kurzem wenigstens. Warum? Die Antwort will wohl bedacht sein.

Rein statistisch spielen Frauen schlechter als Männer. Noch nie hatten Weltmeister schärfste weibliche Konkurrenz zu fürchten. Gegen Capablanca oder Aljechin hätte Vera Menchik-Stevenson keine Chance gehabt, ebensowenig Ludmilla Rudenko gegen Michail Botwinnik oder Nona Gaprindaschwili gegen Bobby Fischer. Rein statistisch spielen auch weniger Frauen als Männer. Das gilt für die Anfänger, die Patzer, die Streber und die Großmeister. Seltsam, denn bei Licht besehen eignet sich das Spiel für Frauen vorzüglich. Jede ordentliche Partie ist eine Geduldsprobe. Phantasie wird verlangt, dazu praktische Psychologie, Realismus auch, kurzum: Spielstärke und keine Körperkraft. Warum also haben sich die Frauen nicht schon vor Jahrhunderten auf diese Heimarbeit gestürzt? Die Antwort will immer noch wohl bedacht sein.

Schach kann zwar unter freiem Himmel gespielt werden, ebenso auf Tischplatten, die zehn Zentimeter höher liegen als der Wasserspiegel eines ungarischen Thermalbades, doch eine dem Brett besonders angemessene Atmosphäre ist und bleibt die häusliche. Gerade in jenen Zeiten, in denen gutsituierte Frauen noch nicht berufstätig waren, wäre für manche Partie, ausgetragen unter Freundinnen, Nachbarinnen und Schwägerinnen, ein Stündchen zu erübrigen gewesen. Ohne weiteres hätten die drei namhaften »K« um ein viertes ergänzt werden können – mit der Folgeerscheinung des Vorwurfs »Kinder, Küche, Kirche, Könige«. Warum kam es nicht so? Die Antwort will bis zuletzt wohl bedacht sein.

Schließlich muß nach reiflicher Überlegung eingestanden werden, daß eine befriedigende Antwort nicht gefunden werden kann. Hoffentlich merken Sie, verehrte Leserin, wie würdig eine solche Auskunft jedweder Philosophie und somit auch einer Philosophie der Passionen ist. Zwar möchte der Philosoph seiner Disziplin dadurch schaden, daß er die Rätsel der Welt im Alleingang ein für allemal löst, doch gelingt ihm das nie. Er formuliert sie und gibt sie an künftige Geschlechter weiter, die auch noch was zu knabbern haben möchten.

Beim Anblick früherer Lösungsversuche schüttelt der Philosoph sein weises Haupt. Mit Recht argwöhnt er, daß sie unternommen wurden, um ihn arbeitslos zu machen. Was sollte er auch mit bewältigten Aufgaben und ausgeräumten Schwierigkeiten anfangen? Beim Thema »Frau und Schach« darf er seinen Kopf minutenlang in pendelnder Bewegung halten, denn die drei wesentlichen Argumente sind von erfreulicher Anfechtbarkeit.

Das erste lautet, die Frauen seien zu ... Die Punkte mögen ein Adjektiv ersetzen, das eine üble Nachrede darstellt, eine an Flegelei grenzende Unhöflichkeit, eine mit dem Grundgesetz nicht zu vereinbarende Geringschätzung, zurückzuführen auf eine Epoche, in der vom natürlichen Schwachsinn des Weibes die Rede war. Das Argument verdient keine Widerlegung, denn Widerlegungen haben immer etwas von einer Respektsbezeugung an sich. Nur aus Freude an der Weltgeschichte sei angemerkt, daß Elisabeth I., Königin von England, den zeitgenössischen Staatsmännern als Staatsfrau überlegen und als Taktikerin ein wahres Rabenaas, in ihrer spärlich bemessenen Freizeit Schach gespielt hat.

Das zweite Argument dreht den Spieß um und mißt den Frauen eine den Männern nicht zugängliche Lebensklugheit bei. Sie seien einfach zu schlau, sich auf das schwierige Spiel einzulassen. Der Schlüssel zum Erfolg, eine Mischung aus Pedanterie und Besessenheit, sei nicht nach ihrem kultivierten Geschmack. Ach was. Etliche Frauen haben schon gezeigt, wie verbohrt und verbiestert sie zu werden vermögen, sobald sie das Labyrinth der Eröffnungstheorie oder eine Durststrecke der Endspieltechnik betreten. Nur der Wahrheit zuliebe sei angefügt, daß Maja Tschiburdanidse, kaum zu glauben, den Weiberfeinden beipflichtete. Als sie Weltmeisterin war, erklärte sie, immer würden Männer das bessere Schach spielen. »Man muß«, lautete ihr Merksatz, »eine Stellung abstrakt, in ihren Hauptmerkmalen erfassen. Das liegt dem Mann mehr.«

Das dritte Argument fanden einmal zwei deutsche Schachfunktionäre, nachdem sie ihre selbstgestellte Frage zur Frauenqualifikation als Thema bezeichnet hatten, »das gar nicht existieren sollte«. Du lieber Himmel, auf der Erde wimmelt es von Themen, die lieber nicht existieren sollten und gerade aus diesem Grund ein Thema sind. Die beiden Männer konstatierten dann, daß ihresgleichen seit 1500 Jahren übe und grüble, die weibliche Schachtradition hingegen relativ kurz sei. Beifällig zitierten sie Milunka Lazarevic, eine Großmeisterin, mit dem Ausruf: »Gebt uns das Handicap von Jahrhunderten zurück!« Was die Funktionäre nicht erwiderten, sei jetzt erwidert: Milunka, das ist zuviel verlangt. Männer sind imstande, ihre Freizeit, ihre Unschuld, ihr Vermögen oder einfach eine Schachfigur zu opfern, doch ein paar Jahrhunderte zurückzuerstatten wie das letzte Geburtstagsgeschenk bei der Auflösung einer Wohngemeinschaft, das ist ihnen versagt. So begabt sind sie nämlich nicht. Sie können höchstens, wie das die vorhin genannte Nona Gaprindaschwili ingrimmig hervorgehoben hat, ihre gesamte Restkraft aufbieten, wenn sie zufällig einmal gegen eine Frau antreten müssen. Denn die Männer, das sah Nona richtig, haben Angst – die traditionsreiche Angst vor der Niederlage gegen eine Frau.

So sieht es auch Judit Polgár. Ihr Vater allerdings, László Polgár, hatte den Hinweis auf Jahrhunderte oder

Jahrtausende in den Wind geschlagen. Nach langer Betrachtung der menschlichen Natur glaubte der Ungar nicht mehr an die Prägekraft der Überlieferung, auch nicht an den Stempel einer erklecklichen Erbmasse, den Nutzeffekt ordentlicher Gene oder einfach an den Segen, ein bißchen Talent zu haben. Den Intellekt des oder der Neugeborenen hielt er für ein unbeschriebenes Blatt, für eine leere Seite. Wie sie beschriften? Mit dem üblichen Unsinn, dem gängigen Quark, wie das die übrigen Väter machen? Würde die leere Seite mit anspruchsvollen Hieroglyphen bedeckt werden – »programmiert«, hätte Polgár heute gesagt, doch als er sein Menschenbild entwarf, war es dazu noch zu früh –, würde sich also eines Vaters gesammelter Ehrgeiz auf jener Seite abladen, dann käme dabei aller Voraussicht nach ein Genie heraus. Genie sei Dressur. Soweit László Polgár, der drei Töchter zeugte.

1969 erblickte Zsuzsa das Licht der Welt und so schnell wie möglich das Licht der Schachwelt. Zsuzsa ist wie »Schuscha« auszusprechen, aber ganz weich, ganz stimmhaft, ganz zärtlich. Dessen ungeachtet wurde das Mädchen einem Drill unterworfen, wie nur ein Theoretiker ihn zu ersinnen vermag. Wenn andere Kinder spielten, spielte Zsuzsa Schach. Nach der väterlichen Überzeugung von der Herstellbarkeit der Genialität hätte Zsuzsa selbstverständlich auch eine bedeutende Schauspielerin werden können. Sie wurde nun aber mal Schachspielerin und keineswegs eine schlechte. Zum Beispiel nahm sie der Chinesin Xie Jun den Damenweltmeistertitel ab. László Polgár, ein moderner Pygmalion, hatte recht bekommen, der Neid muß es ihm lassen.

Mit Zsófia, geboren 1974, bekam er nur beinahe recht. Auch sie wurde gedrillt, daß die Offiziere des Ostblocks, diesmal die aus Fleisch und Blut, nur so gestaunt hätten, doch an den Brettern der Welt blieb die zweite Tochter hinter der ersten zurück. Dabei spielte sie immer noch hervorragend, nur eben nicht so unverschämt gut wie Zsuzsa und erst recht nicht so fulminant wie Judit, geboren 1976. Diese ist das herausragende Ergebnis der Polgár-Pädagogik, der lebende Beweis für die Richtigkeit einer falschen Theorie, die beste Schachspielerin überhaupt, aber leider nicht Weltmeisterin unter Männern. Auf die Damenweltmeisterschaft hat sie alsbald gepfiffen, wie sie überhaupt nur an Herrenturnieren teilnimmt. Bis zu Judit Polgárs ersten Auftritten verstand die Schachwelt unter einem Turnier stillschweigend und grundsätzlich immer nur ein Herrenturnier. Auch die Frauen veranstalteten Turniere – in aller Bescheidenheit, mit einem Minimum an Reklame und faktisch unter Ausschluß der Öffentlichkeit. Vielleicht ändert sich das über kurz oder lang.

Denkbar wäre es, daß die Gegnerin den Turniersaal im weißen Nerz beträte, ihr dieser von ihrem Trainer abgenommen würde, sie eine Krokodilledertasche (Imitation) neben der Schachuhr abstellte und ihre mit einem Turmalin geschmückte Rechte dem Gegner reichte. Vielleicht besäße der Mann mit Schwarz vorerst noch die innere Freiheit, nur an Caro-Kann oder eine andere Eröffnung zu denken, Königsindisch etwa. Er nähme dann die exquisite Maniküre nur verschwommen wahr, was nicht ausschlösse, daß sie ihm vom zehnten Zug an zu vollem Bewußtsein gelangte, da nun die gepflegten

Finger damit begännen, seine schwarzen Bauern zu schlagen. Der Mann könnte sich krampfhaft einreden, wie vorteilhaft es wäre, wenn er sich ganz auf seine Stellung konzentrierte und das Wellenhaar schlankweg übersähe, sowohl das allmählich in die Stirn gleitende als auch das mit elegantem Schwung wieder nach hinten geschleuderte. Er könnte sich außerdem vornehmen, den goldenen, am linken Handgelenk hin und her rutschenden Armreif keines Blickes zu würdigen, weder eines äußeren, noch eines inneren. Aber das dezente Parfum! Stimmt ja gar nicht, ein aufdringliches Parfum wäre es, sobald die Dezenz in die Nase stiege. Möglicherweise wäre der Mann mit Schwarz jetzt verloren, denn sein Scharfsinn, der ihm sagte, daß diese Frau zu allem fähig sei, nützte ihm wenig. Und was, wenn sie beim Übergang ins Endspiel mit der Spitze ihres Pumps an seine Wade stieße, ihr Gesicht lächelte und ihr Kirschmund eine Entschuldigung hauchte? Um ihn wäre es noch nicht geschehen, um Schwarz aber durchaus.

Dann muß eben der Weltschachbund in sein Regelwerk den Passus aufnehmen: »Das Spiel darf aggressiv sein, das Parfum nicht.« Oder allgemeiner: »Spielerinnen und Spieler haben den unerotischen Charakter schachlicher Begegnungen vom ersten bis zum letzten Zug zu respektieren.« Oder die Männer nehmen sich noch mehr zusammen, werden immun gegen Betörungen und nach mehreren Damenbekanntschaften abgebrüht wie Marcel Duchamp.

Schrullen

Sein Spitzname lautete »Black Death«. Denn er war Engländer, hatte einen rabenschwarzen Bart, trug schäbige, aber schwarze Kleidung und hieß Blackburne. Gewinnen freilich wollte er auch mit Weiß und nicht nur mit Schwarz. Er war jedoch kein Kind von Traurigkeit und ärgerte um 1900 die Liga gegen den Alkoholmißbrauch mit dem Ausspruch: »Mir persönlich hilft der Alkohol, einen klaren Kopf zu behalten. Während ich spiele, nehme ich ein oder zwei Glas Whiskey zu mir.« Andere, die schlechter spielten als Blackburne, und das waren fast alle, hätten als begrüßenswerte Folgeerscheinung die Lebensfreude oder die Unternehmungslust ins Feld geführt. Er aber verwies tatsächlich auf den klaren Kopf und hatte recht, wovon seine Gegner, vor allem die geschlagenen, ein Lied zu singen wußten. Jahrzehnte später bekam Alexander Aljechin vom Alkohol, den er mindestens so liebte wie Blackburne, keinen klaren, sondern einen schweren Kopf. Da er aber einen solchen nicht brauchen konnte, schwor er, paradoxerweise zur Pflege seines Geistes, den geistigen Getränken ab. Und er stellte die alte Schachspielerfrage: »Wie stark bin ich?« – meinte damit aber nicht die Stärke des Angriffs, sondern die des Verzichts und der Selbstbeherrschung. Als er in der Loge eines Varietétheaters seinen Kollegen Vidmar und dessen Frau, beide Abstinenzler, zu Gast hatte, nötigte er ihnen eine Flasche Wein auf, an deren allmählicher Leerung er sich nicht beteiligte. Als der ansonsten gutmütige, jetzt aber gereizte Vidmar nach dem dritten Glas auf einer Erklärung bestand, knurrte Aljechin, der aufmerksame, eine Tasse Kaffee schlürfende Zuschauer: »Ich wollte sehen, ob ich es aushalten kann.«

Siegbert Tarrasch hätte sich 1911 ins Vergnügen stürzen können. Als er mit der Eisenbahn von San Sebastian nach Nürnberg fuhr, hatte er ein schwieriges Turnier nicht vor, sondern hinter sich. Mit seinen Leistungen war er jedoch unzufrieden, weshalb er den Vorschlag seines Kollegen Mieses ablehnte, für ein paar Tage Station im »Seine-Babel« zu machen. Tarrasch hatte nichts gegen Paris, sprach aber: »Ich muß mich bestrafen!« Wenn das keine Selbstdisziplin war! Herkömmliche Zuchtmeister, gewöhnliche Prinzipienreiter, übliche Moralapostel sehen in der eigenen Person stets die einzige Person, die Verständnis und Nachsicht verdient. Bei Tarrasch war es umgekehrt, was seinen Ruf als Sonderling festigte.

Neuerdings fehlt es an schrulligen Menschen. Bei der Entwicklung ihrer Persönlichkeit schielen diese nur meistens, aber eben nicht immer nach der Norm und beweisen damit innere Unabhängigkeit. Schrullenlose Individuen sind Anpasser, die in möglichst jeder Hinsicht an anderen Personen Maß nehmen. Schrullige Menschen wären nur dann Anpasser, wenn es ausnahmsweise zum guten Ton gehörte, höchstpersönliche Merkmale zu haben und zu hätscheln. Dann freilich wäre die Schrulle ein Beweis für Opportunismus. In einer solchen Zeit oder Gesellschaft leben wir jedoch nicht. Somit ist die Schrulle ein Zeichen von Eigenständigkeit und nur dann wenig wert, wenn sie auf einem Gebrechen oder einem sonstigen zwingenden Grund beruht. Ein freier Mensch ist aus freien Stücken schrullig und wäre unangenehm berührt, würden andere Leute seine Eigenheit durch Nachahmung herabwürdigen. Andererseits ist der Anpassungsdruck gewaltig. Er beginnt bei einem Spielzeug, das fast alle Kinder haben, und endet bei der Feuerbestattung, dem derzeitigen Modewunsch der Greise. Selbst Revolutionäre verlangen Anpassung, mögen sie auch alles kurz und klein schlagen. Dafür zu sorgen, daß kein Stein auf dem anderen bleibe, ist dann eben jedermanns sorgfältig zu erledigende Aufgabe. Es kann vorkommen, daß Revolutionäre sich anpassen und gleichzeitig auf die Anpasser schimpfen. Sie meinen damit aber nicht sich selbst, sondern die Besitzer dessen, was kurz und klein geschlagen werden soll, propagieren also eine verdeckte Anpassung.

In den üblichen ruhigen Zeiten jedoch verraten die Wörtchen »in« und »out« ein fröhliches Einverständnis mit dem Anpassungsdruck. Jeder ist auf dem Quivive, um mitzubekommen, was man tut. Durch nichts hätte die Allgemeinverbindlichkeit des Wörtchens »man« nachdrücklicher bestätigt werden können als durch den Vorschlag, hin und wieder »frau« zu sagen. Da die Frauen, nicht anders als die Männer, die Hälfte der Menschheit ausmachen, ist ihre Befähigung zum Kollektivismus, zur Anpassung und zur Schrullenlosigkeit wie die der anderen Hälfte über jeden Zweifel erhaben. Als schrullig gelten gemeinhin Schachspieler. Das ist zuviel der Ehre, denn bei Licht besehen ist im Kreis der

Koryphäen die Ausbeute an Absonderlichkeiten keineswegs überwältigend groß. Nun gut, Frank Marshall trug mit Vorliebe breite und auffallende Krawatten. Oder sollte der Beobachter lieber bei Akiba Rubinstein verweilen, der sich mit ostentativer Höflichkeit von seinem Platz erhob und entfernte, sobald der Gegner am Zug war? Im Grunde kann nicht einmal Viktor Kortschnojs Glaube an die Parapsychologie eine starke Affinität der Schrulle zum Schach überzeugend belegen. Deshalb sei das Augenmerk auf einen weiteren Meister gerichtet.

Aaron Nimzowitsch machte im Turniersaal Freiübungen, zuweilen auch einen Kopfstand. Oder er ließ nach dem ersten Zug des Gegners eine halbe Stunde verstreichen, in der er angelegentlich seine Finger, ein Bild an der Wand oder mangels Bild eine Fliege an der Wand betrachtete. Oder er beklagte sich beim Schiedsrichter, daß sein Gegner rauche. Auf die Erwiderung, der rauche ja gar nicht, sagte Nimzowitsch: »Das sehe ich. Er könnte aber rauchen. Bekanntlich ist die Drohung stärker als die Ausführung.« Stimmt sogar – aber nicht im Leben, sondern nur im Spiel. Die Ausführung (der Zug) klärt die Situation, bindet den, der gezogen hat, und erleichtert der Gegenseite die Lagebeurteilung. Nun konnte es passieren, daß während jenes Wortwechsels Nimzowitschs Bleistift verschwunden war, den er zur Notierung der Züge benötigte. Wo steckte das Ding? Hinter dem Ohr, und wenn ja, hinter welchem? In der Westentasche? Unter der Untertasse? Der Meister entschied sich eines Tages für die Aufstellung eines kleinen Galgens, an dem fortan das Utensil in hilfreicher Sichtbarkeit baumelte.

Nimzowitsch haßte Lärm. Folglich haßte er alle, die derlei erzeugten. Folglich haßten alle ihn. Schrullig war schon sein Name. Wie kann ein Mensch nur so heißen? Er hieß auch gar nicht so, sondern anders – wie anders, ist trotz philologischer Liebesmühen undeutlich geblieben. Es handelte sich um einen slawischen Namen – Orthographie rätselhaft, Betonung ganz nach Belieben. Da N., in Riga geboren, nicht unter Slawen aufwuchs, schrieb er sich nicht einmal Njemzowitsch, sondern fast gut deutsch Niemzowitsch. Als der Träger dieses veränderten Namens nach dem 1. Weltkrieg Lettland verließ, um im westlichen Europa überall und nirgends zu leben, reiste er zwar nicht mit falschem, wohl aber mit abermals falsch geschriebenem Paß, denn dort stand Nimzowitsch, ohne »e«. Aufgefallen war ihm das schon vor seiner endgültigen Abreise, doch hatte er mit dem Kennerblick der leidgeprüften Kreatur das Problem erspäht und befunden, es sei schwieriger zu lösen als je eine Schachaufgabe. Was ist schlimmer – in der Tasche ein Paß mit Schreibfehler oder in der Seele die Furcht, eine ertappte und daher vergrätzte Behörde könnte das pflichtschuldigst korrigierte Papier monatelang nicht herausrücken? N. entschied sich für den Fehler, der in die fachliche Weltliteratur einging und sogar die Kürzung des Namens überlebte. Eine von N. empfohlene und, siehe da, äußerst beliebte Eröffnung wurde zuerst »Nimzowitsch-Indisch« genannt, bald aber der Bequemlichkeit wegen nur noch »Nimzo-Indisch«.

Ist es Pech, nach dem Tod mit einem verballhornten, möglicherweise falsch betonten und nachweislich verstümmelten Namen weiterzuleben? Es ist ein Glück und ein Zeichen für die Lust am Gerede über den heimatlosen Könner. Es spricht für Zuneigung und gemütvolle Aneignung, wenn die Deutschen »Rom« und »Paris« sagen und nicht »Roma« und »Parih«. Sonst vergewaltigen bei uns viele ihren Mund, sobald sie in diesen eine fremdländische Bezeichnung nehmen, und halten für einen Ausdruck des Respekts und der Annäherung, was doch nur die Markierung einer Distanz ist. Die Münchner können stolz darauf sein, daß der Name ihrer Stadt zum Gegenstand phonetischer Operationen geworden ist, eine Gunst, die Bad Feilnbach oder Neuendettelsau nie zuteil werden wird. Mögen nur die Amerikaner immer »Munich«, die Franzosen stets dasselbe auf französisch sagen! Denn München zu artikulieren ist so schwierig, daß selbst viele Deutsche mit »Münschen« zufrieden sind. Schließlich schreiben und sagen die Angelsachsen auch »Alekhine«, woran zu erkennen ist, wie stark Aljechin verehrt wird. Über ihn kursieren viele Anekdoten, darunter auch unappetitliche, von denen wiederum die stubenreinste die ist, er habe seine Zigarettenstummel gern auf einem Stück Torte ausgedrückt, einem eigenen oder einem benachbarten. Erzählt wurde ferner, er habe zum Weltmeisterschaftskampf eine Katze mitgebracht, damit sie während der Partie auf seinem Schoße sitze und seinen Gegner irritiere, den Katzenfeind Euwe. Dieser dementierte noch nach Jahrzehnten. Er liebe Katzen, versicherte er, und habe deshalb Aljechin, er ihm und nicht umgekehrt, eine leibhaftige geschenkt. Nicht dementiert haben bisher die Kellnerinnen in den Konditoreien. Möglicherweise hat Aljechin einmal in seinem Leben den Eisbecher mit dem

Aschenbecher verwechselt, vielleicht auch zweimal oder keinmal. Gerüchte fußen auf Plausibilität, die den Mißständen und Mißgriffen allemal eher zuerkannt wird als den Helden- und Wundertaten. Über ein einmaliges Ereignis wird nicht anders geklatscht als über ein sich wiederholendes, so daß schließlich Hörer und Klatschbasen nicht mehr wissen und nicht mehr wissen wollen, ob sie bei der vollen, der halben oder der falschen Wahrheit angelangt sind. Die einschlägige Literatur hierzu findet sich bei Cesare Sterbini: ›Die Verleumdung, sie ist ein Lüftchen‹, Musik von Gioacchino Rossini. Im Lichte solcher Erkenntnis sind auch die Pingpongbälle zu betrachten, die Aljechin vor Wut zerquetscht haben soll, wenn er in dem Nichtschachspiel verlor. Wie gut, daß hölzerne Läufer nicht zu zerquetschen sind. Vielleicht hatte deshalb Nimzowitsch nach einer mißglückten Partie einen Tisch bestiegen und verzweifelt gerufen: »Gegen diesen Idioten muß ich verlieren!« Wie in den meisten Beleidigungen steckte auch in dieser ein Riesenkorn Wahrheit.

Die Einsicht, daß es nicht darauf ankommt, was einer tut, sondern darauf, was ihm verziehen wird, bewährt sich an der Schrulle. Dem einen wird sie nachgesehen, dem anderen nicht. Da auch zivilisierte Geister vor lauter Heimweh nach dem Neandertal für Natürlichkeit schwärmen, haben Schrullen vor allem dann Aussicht auf Duldung, wenn angenommen werden kann, daß sie einem Menschen in Fleisch und Blut übergegangen und zu seiner zweiten Natur geworden sind. Diese Auffassung, die der Schrulle nur zur Hälfte gerecht wird, berücksichtigt immerhin die Verwerflichkeit des Schrullenmißbrauchs. Gemeint ist die angeschminkte, im Dienst der Bosheit stehende Schrulle. Ein Beispiel aus dem Jahr 1978: Boris Spassky als Träger einer Sonnenblende. Mit einem solchen Ding auf dem Kopf war der russische Großmeister noch nie im Turniersaal angetroffen worden, wie er denn auch nicht in dem Ruf stand, auf Schonung seiner Augen bedacht zu sein. Plötzlich aber deckte ein Schirm Spasskys Stirn, und das in einem großen, geschlossenen, ganz und gar nicht sonnigen Raum, bei künstlichem und durchaus gedämpftem Licht. Publikum war da, das lachen sollte und tatsächlich lachte, denn mit seinem überflüssigen Augenschutz sah der seriöse Großmeister bestechend unseriös aus. So wirkte er auch, wenn er die Blende in der Hand hielt, sie auf der Bühne von links nach rechts, von rechts nach links und wieder zurück trug. Den Zweck, die Erregung geräuschvoller Heiterkeit, hätte eine Pappnase oder ein Regenschirm ebenfalls erfüllt. Den Clown spielte Spassky nur, um seinen Wettkampfgegner Kortschnoj zu ärgern, der sich zusammennahm, das Gelächter überhören wollte, schließlich aber in Rage geriet, eben weil er sich andauernd hatte zusammennehmen müssen. Als Spassky merkte, daß der Jux nicht mehr zündete, setzte die Rückverwandlung in einen fairen Denksportler ein. Kortschnoj hat ihm später verziehen. Einem anderen Kollegen aber war er für immer gram.

Schöne Feindschaften

Wenn einer schon nicht recht hat, muß ihm wenigstens recht gegeben werden. Dieses Gebot gesellschaftlichen Ausgleichs wird von den Moralaposteln nie, vom täglichen Leben aber häufig aufgestellt. Desgleichen braucht jenem, der schuld ist, nicht obendrein noch die Schuld gegeben zu werden. Wohl steht dieses ungeschriebene Gesetz im Widerspruch zu der einleuchtenden Forderung, die Schlechtigkeit zu bekämpfen, ihr Einhalt zu gebieten oder sich zumindest über sie aufzuregen. Der Haken jedoch ist, daß die Leute keine Kämpfe mögen und bereits von der Aufregung erwarten, daß sie nicht störe, daß sie sozialverträglich und gefällig sei. Daher glänzen Spitzbuben in der Kunstfertigkeit, brave Menschen solange zu reizen, bis diese die Nerven verlieren und sich ins Unrecht setzen. Nach Jahrzehnten ist es schwer zu sagen, ob der Tisch, auf dem Viktor Kortschnoj und Tigran Petrosjan Hochleistungsschach spielten, tatsächlich vibrierte. Das nach ein paar Minuten zu sagen, war auch nicht leichter gewesen. Kinderleicht hingegen war es, Kortschnojs Unmutsäußerungen zu vernehmen, seine Behauptung, andauernd stoße Petrosjan mit Absicht gegen den Tisch. Da die Bezichtigung so ungeheuerlich war wie die Tat, diese aber ein Geheimnis blieb, saß Kortschnoj nicht als Opfer, sondern als Sündenbock da, zumal er sich während und nicht nach der Partie halblaut, laut und immer lauter geärgert hatte.

Petrosjan spielte, wie den Deutschen empfohlen wird, Auto zu fahren – defensiv. Er legte ein Minenfeld an und wartete, bis der Gegner es betrat. Mit dieser Methode brachte er es zur Weltmeisterschaft, dann aber zu Niederlagen gegen Spassky, Fischer und eben Kortschnoj. Letzterer, ebenfalls kein Bruder Leichtfuß auf dem Brett, hielt den hinterhältigen Gegner für seinen Erzfeind. Beifällig zitierte er einen dritten Schwerblütler, Exweltmeister Botwinnik, mit der Meinung, Petrosjan sei »eine seltene Ausnahme in der Schachwelt; kein Schöpfergeist, sondern ein Zerstörer der bestehenden Werte«. Und er fügte hinzu: »Man ist fast geneigt, Respekt zu zeigen vor dem teuflischen Willen und dem Erfindungsreichtum dieses Mannes.«

Nach dem 2. Weltkrieg lebten die meisten sehr guten Spieler und – bis auf Bobby Fischer, die große Ausnahme – sämtliche Weltmeister in der Sowjetunion. Für sie hatte der kommunistische Staat einen unrömischen Januskopf mit zwei Gesichtern, einem huldvollen und einem gestrengen. Die Meister wurden hundertprozentig betreut, mithin gefördert und herumkommandiert, verhätschelt und gepiesackt, bevorzugt und benachteiligt. Sie hatten zu spielen, und die Funktionäre bestimmten, wann und wo. Vor allem, wo. Gern traten die Koryphäen im Ausland auf, am liebsten im kapitalistischen. Bevor sie aber reisen und einkaufen durften, mußten sie zuhause brav gewesen sein. Was nicht hieß, daß sie den vorgeschriebenen Weg des Sozialismus zur klassenlosen Gesellschaft aus dem Effeff hätten kennen müssen. Sie sollten bloß nicht aufmucken und sich ansonsten um ihr Schach kümmern, ganz einseitig, ganz fachidiotisch, mit

Scheuklappen und ein bißchen Ausgleichssport, doch bitteschön international erfolgreich. Deshalb wurde ihnen nicht nur gesagt, wann und wo, sondern manchmal auch, wie.

Der einer ganzen Spielergeneration in die Quere kommende Amerikaner mußte, fast war es ein Befehl, unbedingt verprügelt werden. Auch an Petar Trifunovic, einen grundsoliden Großmeister, wurde einmal dieses Ansinnen gestellt. Dieser Kroate lebte zwar im kommunistischen Jugoslawien und nicht in der Sowjetunion, doch ist sein (mündlicher) Bericht der anschaulichste gewesen. Er hatte damals den Funktionären erklärt, Fischer zu schlagen sei schon mit Weiß ein Kunststück, mit Schwarz aber beinahe eine Unmöglichkeit. Da er Schwarz haben werde, könne er äußerstenfalls ein Remis versprechen, mehr nicht. Trifunovic predigte tauben Ohren und mußte daher sehen, wo er blieb. In seiner Verzweiflung, doch immerhin in genauer Kenntnis des Fischerschen Eröffnungsrepertoires, bugsierte er die eigenen und indirekt die gegnerischen Truppen in eine seltene und seltsame Variante, die Fischer nicht aus der Praxis, sondern nur aus der Theorie kennen konnte. Die publizierte Theorie aber, das hatte Trifunovic herausgefunden, war an einer Stelle ungenügend. Wenn Weiß sich an die Schulweisheit hielt, Schwarz jedoch nicht, könnte aus einer angeblich für Weiß günstigen Variante in Wirklichkeit Schwarz den meisten Honig saugen. Soweit die Spekulation auf den rettenden Strohhalm. Dieser brach jedoch entzwei. Fischer, wie er später bekannte, wunderte sich zwar über die neueste Vorliebe seines grundsoliden Gegners, nahm jedoch die Variante so ernst, daß er mit seinem eigenen Kopf dachte und nicht mit dem der Lehrbuchautoren. Folglich vermied er an der kritischen Stelle den ihm zugedachten Fehler und gewann trotz hartnäckiger Gegenwehr. Später war in gebrochenem Deutsch Trifunovic des Lobes voll. »Mit Buck hätte er verlorren. Aber er hat nickt gespillt wie Buck. Er hat ricktick gespillt.«

Zum Verdruß der Funktionäre spielte Fischer meistens ricktick. Da ein sowjetischer Großmeister und Aufpasser namens Kotow, auch »Schachkommissar« genannt, sein Mütchen nicht am Brett kühlen konnte, tat er es am Schreibtisch. »Ich selbst«, notierte er, »bin in meinem ganzen Leben ein unverbesserlicher schachlicher Draufgänger gewesen (was mir oft geschadet hat) und habe mich vor niemandem gefürchtet. Doch Ehrenwort, wenn ich gegen Fischer zu spielen hätte, wäre ich wahrscheinlich ebenfalls eingeschüchtert. Dieses ständig drohend über dem Schachbrett lauernde Gesicht eines Fanatikers, die brennenden Augen, die Entrücktheit von der äußeren Welt! Diese langen Finger, die deine Bauern und Figuren vom Brett nehmen... Die Gegner Fischers verlieren die Kontrolle über sich selbst.« Alles Gerede, wenngleich eindrucksvolles Gerede. Das mit den langen Fingern stimmt, das mit den brennenden Augen vielleicht, das mit dem Kontrollverlust überhaupt nicht. Natürlich lauerte Fischer auf den nächsten Fehler des Gegners, und in der Regel lauerte er nicht vergebens. Doch die Unterstellung, er habe seine Widersacher behext, ist Verleumdung. Einschüchternd waren seine Einfälle, nicht seine Kopfhaltung oder seine Konzentration auf das Spiel. Auch als leidgeprüfter Kollege berichtete der deutsche Großmeister Unzicker, Fischer habe sich stets einwandfrei benommen.

Kortschnoj emigrierte. Von der Sowjetunion hatte er genug, nicht aber von den ihm ebenbürtigen sowjetischen Gegnern, auf die er weiterhin stoßen wollte, wenn auch nur im Westen. Doch einige dieser Gegner schnitten ihn, redeten nicht mit ihm, gaben ihm nicht die Hand, beschäftigten sich am Brett zwar notgedrungen mit seinen Steinen, behandelten ihn selbst aber wie Luft. Dabei hatte Kortschnoj, ebenso leicht zu entflammen wie seine ständigen Begleiterinnen, die Zigaretten, sich nur gegen den im Sowjetreich überall zu spürenden Dauerzwang aufgelehnt, nicht gegen die herrschende Ideologie. Das besorgte auf seine Weise erst Garri Kasparow. Nicht von ungefähr tragen dessen frühzeitig verfaßte Memoiren den Titel ›Politische Partie‹.

Eine einzige politische Partie – aber unzählige Schachpartien. Der 1951 geborene Anatoli Karpow und der 12 Jahre jüngere Kasparow waren sich spinnefeind und wirkten unzertrennlich. Der Eindruck der Unzertrennlichkeit war ein Resultat der Feindschaft, denn Karpow wollte nicht einsehen, daß Kasparow um eine entscheidende Nuance stärker war als er, und forderte deshalb immer wieder einen neuen Beweis. Menschlich war es verständlich, daß er derlei nicht einsehen wollte, doch schachpolitisch eine Gemeinheit, daß die Funktionäre des sowjetischen Schachverbandes und der mit ihnen unter einer Decke steckende Präsident des Weltschachbunds FIDE es ebenfalls nicht zuzugeben gedachten. Das war natürlich eine große Decke, wie denn auch Kasparow knurrte, »daß die ganze Firma

Karpow größer war als alles, was mir im Schach je begegnete«. Ein Rattenschwanz zäher, niveauvoll langweiliger und dann wieder turbulenter Partien endete mit Kasparows Weltmeisterschaft, dem triftigsten Grund, sich spinnefeind zu sein, wenn auch jetzt in der Trennung. Da weder Kasparow sich änderte, noch der FIDE-Präsident Campomanes, von seinen Kritikern »Karpomanes« genannt, da also die Beziehungen zwischen dem Weltmeister und der Weltorganisation dem Zerrüttungsprinzip gehorchten, gründete Kasparow einen Konkurrenzverein und überließ seinem Erzrivalen das hochoffizielle Feld. Eines Tages hatte die Schachwelt zwei Weltmeister, was weniger störte als im Mittelalter die Herrschaft von Papst und Gegenpapst.

Die Namen ähnelten sich – zu Kasparow fehlte Karpow nur ein As – und wurden von Laien eifrig durcheinandergebracht. Dafür unterschieden sich die beiden Stile um so deutlicher. Kasparow erkor die Phantasie zu seinem unveränderlichen Persönlichkeitsmerkmal, während es Karpow zur Erfindung eines geistig-moralischen Wappentieres an ebendieser Phantasie gebrach. Fanatisch solid, zermürbend korrekt, bestechend vorsichtig spielte der Ältere, einfallsreich und so frech wie möglich der Jüngere. In der Produktion von Partien, die gern nachgespielt werden, war Kasparow führend. Zuweilen zwang ihn Karpow, sein Alter ego zu werden und sich mit Stellungen herumzuquälen, denen mit Phantasie nicht beizukommen war. Diesen dumpfen Zwang sah Kasparow als typisch an, typisch für die gegnerische Person wie für das sie prägende Gesellschaftssystem. Er überhöhte die beiden K und ihre Leistungen auf dem Brett. »Ich stehe nicht an«, schrieb er, »die Schachmafia um Karpow politisch mit der Bürokratie zu identifizieren, die im Endstadium der Amtszeit Breschnews das Sagen hatte und die sich verbissen an ihre Macht und ihre Privilegien klammerte und ihr Bestes tat, alle Initiative zu ersticken. Was zwischen uns ablief, war nicht bloß ein Machtkampf, sondern ein Wertekonflikt. Es standen sich nicht nur zwei gegensätzliche Persönlichkeiten gegenüber, sondern zwei unterschiedliche Lebensauffassungen. Veränderung und Modernisierung waren die Gebote der Stunde, im Schach wie auf vielen anderen Gebieten – im Sport, in Staat und Gesellschaft, in der Mentalität unserer Bevölkerung.«

Schach verschmolz mit Politik und Gesellschaftslehre. Am kleinen Brett stieß Michail Kasparow auf Leonid Karpow, in der großen Welt Garri Gorbatschow auf Anatoli Breschnew. Soweit das Selbstporträt eines phantastischen Spielers, überdimensional eingerahmt. Zur Ehre Anatoli Karpows sei gesagt, daß er seine Sache besser machte als der Potentat im Kreml und seine Stellungen, wenn überhaupt, dann intelligenter zusammenbrachen als der Ostblock. In seiner Jugend sah Karpow unscheinbar aus – wäre er nicht Schach-, sondern Schauspieler geworden, hätte er im Film einen überzeugenden Liftboy abgegeben. Mit Breschnew also keine äußere Ähnlichkeit, mit Capablanca aber auch nicht. José Raoul Capablanca y Graupera, geboren 1888, war zwar nicht Diktator, aber immerhin kubanischer Diplomat. Er war Weltmann, Charmeur, Frauenheld und von jener männlichen Schönheit, von der Oscar Wilde behauptete, sie sei das Resultat eines lebenslangen Verzichtes auf Gedankenarbeit. So schlimm kann es indes bei Capablanca nicht gewesen sein, denn immerhin brachte auch er es zur Schachweltmeisterschaft, weshalb Karpow gelegentlich mit ihm verglichen wird. Aber eigentlich nur, weil außerdem Kasparow manche Enthusiasten an Alexander Aljechin erinnert, den wichtigsten Gegner Capablancas. Frau Capablanca, eine Prinzessin, die ihrem Mann »strahlende Augen von der Farbe des Seewassers« zuschrieb, konnte Aljechin nicht leiden und schilderte ihn als »ziemlich schmächtigen Mann mit säuerlichem Lächeln«. Über Kasparow, hätte sie ihm begegnen können, wäre ihr Urteil vermutlich günstiger ausgefallen.

1938 in Nottingham schlug sie Aljechin mit dem Mittel der Hochnäsigkeit, was nahelag, weil sie in ihrem hübschen Gesicht tatsächlich eine markante Nase hatte. Es war kein Stellvertreterkrieg, wohl aber eine Stellvertreterpartie, ausgetragen in einem Obstgarten hinter dem Spiellokal. Aljechin trat als Bittsteller auf, war also von vornherein im Nachteil und hatte gewissermaßen Schwarz. Er entschied sich für eine eindeutige Eröffnung und bat Olga Capablanca, ihren Mann zu überreden, »von meiner Gegenwart Notiz zu nehmen, mir wenigstens zuzunicken«. (Sollte während des Turniers in der englischen Stadt Exweltmeister Casablanca tatsächlich nie genickt haben, wäre der Grund Aljechins Weigerung gewesen, seinem alten Rivalen einen Revanche-Wettkampf anzubieten. Damals hatten Titelträger noch die Freiheit, sich ihren Herausforderer auszusuchen, was Aljechin ermächtigte, Capablancas Spiel zu meiden – bis Nottingham. Dort war es Aljechin, der verlor, aber umständehalber eben nur eine Turnierpartie, kein Match).

Fürs erste versuchte es Olga mit der Strategie der Blockade: Sie mische sich, erwiderte sie, in die Schachangelegenheiten ihres Mannes nicht ein. Aljechin verwies auf die unmögliche Situation, in der er sich befinde, »vor den Vertretern aller Nationen. Bedenken Sie, daß Ihr Mann im Diplomatischen Dienst steht.«

Olga, die das zu bedenken nie aufgehört hatte, lavierte ein bißchen: »Capablanca«, sagte sie, »muß äußerst gewichtige Gründe haben.« Hierauf stellte sich Aljechin als Opfer von »Mißverständnissen« dar – seiner Meinung nach auch das passende Wort für die Niederlage gegen Euwe. (Aljechin hatte seinen Titel durchaus verteidigt, aber nur gegen Kollegen, von denen er annahm, sie seien ihm nicht gewachsen. Bei Max Euwe war das ein Irrtum gewesen, weshalb er jetzt im Obstgarten ebenfalls als Exweltmeister dastand.) Es folgte ein stolzer Zug: »Die ganze Welt weiß, daß ich viel besser bin als Euwe.« (Die ganze Welt sollte es erst ein Jahr später wissen, denn der Holländer ließ sich nicht lumpen, gewährte Revanche und verlor.)

Madame Capablanca verfügte allerdings über einen noch stolzeren Gegenzug: »Oh ja! Weil Sie es gerade erwähnen – ähnlich war es damals in Argentinien, als es Capablanca nicht gut ging und er seinen Titel an Sie verlor. Doch in den Augen der Fachwelt blieb er immer noch der Größte.«

An dieser Stelle wurde Aljechin unsicher: »Lassen Sie uns bitte nicht streiten. Selbstverständlich weiß jedermann, daß es nur zwei Große gibt: Aljechin und Capablanca.«

»Machen Sie keinen Fehler!« trumpfte die Gegnerin auf. (Und wirklich war es ein taktischer Fehler gewesen.) »Es heißt immer noch Capablanca und Aljechin! Er war Ihnen immer überlegen, und Sie wissen es. Gaben Sie ihm deshalb nie die Gelegenheit zur Revanche?« Da Weiß nun klar im Vorteil war, beging Schwarz den nächsten Fehler: »Sie sind eine Tigerin.« Dies gestattete den weißen Entscheidungszug: »Ich nehme es als Kompliment.« Aljechin gab die Partie auf. Oder wie die Angelsachsen sagen: Black resigns. Er resignierte.

Der Historiker muß es als Pech empfinden, daß der Bericht der Siegerin und Tigerin die einzige Quelle über die scharfe Partie ist. Zweifelsfrei verrät die Notation der Züge, woran Frau Capablanca sich weiden wollte – an Aljechins Verlegenheit, an seinem bleichen, zuckenden Gesicht, an den immer kleiner werdenden Pupillen seiner hellgrauen Augen, die offenbar nicht an Seewasser gemahnten. Zwar griff einer der Turnierteilnehmer, Michail Botwinnik, später ebenfalls zur Feder, doch Zeuge des Kampfes Olga gegen Alexander war er naturgemäß nicht gewesen. Dafür wußte er zu berichten, Aljechin habe einmal beim Mittagessen »eine ganze Flasche Wein« getrunken und darauf prompt eine Hängepartie (gegen Reshevsky) verloren. Botwinnik, Stalinist und Atheist, bemerkte aber auch: »Er war ein Schachspieler von Gottes Gnaden.« Bei diesem Urteil wird der Historiker mit dem Knopf nicken, jedoch auch bedenken, daß Botwinnik aus purem Schachehrgeiz ein Asket und Kostverächter war. Ein solcher darf sich mittags keine Flasche Wein genehmigen, ein Mann von Gottes Gnaden schon – oder nicht? Soll er doch ruhig gegen Reshevsky verlieren.

Wie jeder Erfolgsmensch hatte Aljechin Schmeichler. Sie glaubten es schlau anzustellen, indem sie ihn nicht direkt in den Himmel hoben, dafür aber Capablanca miesmachten. Aljechin hat diese plumpen Annäherungsversuche stets zurückgewiesen, obwohl die schwache Seite des Kubaners allen Kollegen bekannt war. Euwe schrieb unumwunden: »Er war träge.« Drücken wir es höflicher und noch richtiger aus: Er hatte es nicht nötig, fleißig zu sein. Er war ein Liebling der Frauen, und alle Männer fanden, auch der Götter. Zugeflogen war ihm, was er beim Spiel an Kenntnissen benötigte. Aljechin hingegen, der Antipode, hatte sich seinen Glanz hart, also auf normale Weise erkämpfen müssen. Die Geheimnisse einer Stellung? Aljechin vertiefte sich in sie, Capablanca durchdrang sie. Komplikationen auf dem Brett? Aljechin beschwor sie herauf, Capablanca verachtete sie. Vorbereitungen? Aljechin hielt sie für unabdingbar, Capablanca für überflüssig. Die Zukunft des Schachs? Aljechin glaubte an die Ewigkeit des Spiels, während Capablanca den »Remis-Tod« prophezeite. Eines schönen Tages würden lauter einander ebenbürtige Koryphäen sich gegenseitig nichts mehr anhaben können. So redet einer, den Triumphe wenig kosten, doch keiner, der tausend Mühen investiert hat.

Feinde waren schließlich Siegbert Tarrasch und Aaron Nimzowitsch. Sie allerdings pflegten eine Edelfeindschaft, denn ihnen ging es nicht um die eigene Person und deren eventuelle Partiengewinne, sondern um die richtige Theorie. Zwei ideale Streithähne hatten sich gesucht und gefunden. Beide Theoretiker hatten eine Menge Praxis auf dem Buckel. Beide verstanden zu siegen und wären von der Zunft auch dann respektiert worden, wenn sie keine einzige Zeile Prosa zu Papier gebracht hätten. Beide waren jedoch mitteilungsbedürftig und Herr einer ebenso witzigen wie giftigen Zunge. Volkstümlich ausgedrückt, ging es um die Schönheit im Schach, die Tarrasch verehrte und Nimzowitsch für Larifari hielt. Tarrasch empfahl, von Anfang an vorzurücken, Nimzowitsch, erst einmal abzuwarten. Der eine schwärmte für die harmonische Bewegungsfreiheit der Steine, dem anderen gefiel es, wenn die Figuren nicht nur ideell, sondern auch räumlich zusammenstanden. »Nimzowitsch«, befand Tarrasch, »hat eine ausgesprochene Vorliebe für häßliche Eröffnungszüge.« Oder: »Die konsequenteste Fortsetzung des bisherigen abscheulichen Spieles von Schwarz: Ein Bock von ungewöhnlicher Dicke.« Nimzowitsch beanstandete an seinem Widerpart »unwürdige Ausdrücke« und »Symptome eines ohnmächtigen Wutanfalls«. Dem Apostel der Schönheit bescheinigte er »ein unglaubliches Faible für dekorative Wirkung«. Wer von beiden recht hatte? Beide. Vor und nach dem Tode der erbitterten Theoretiker verhielten sich schlaue Kollegen, allen voran Capablanca und Aljechin, immerzu eklektisch, das heißt, sie naschten aus beiden Körbchen. Oft taten sie, als sei Nimzowitsch nie zur Welt gekommen. Dann wieder leuchtete ihnen der Vorzug eines Rückzugs auf die Grundlinie ein, mochte Tarrasch daran auch seinen scharfen Schnabel wetzen: »Er stellt seine Figuren für die nächste Partie auf.«

In der Kunst zu loben war Nimzowitsch Großmeister. Bei Tarrasch entdeckte er eine »Geradlinigkeit«, die identisch mit »Scheinkonsequenz« sei. Was soll sich ein Schriftsteller denken, wenn nur seine Zeichensetzung, was eine Frau, wenn einzig und allein ihre Mütterlichkeit gerühmt wird? Wohl etwas ähnliches wie Tarrasch, der zu hören bekam, die Lektüre seiner Bücher sei durchaus ersprießlich, vor allem für Anfänger, für Fortgeschrittene weniger. Wer tadeln will, muß loben können. Wie wäre es also, wenn an Nimzowitsch lediglich gepriesen würde, daß er nicht »der Fortgeschrittene« schrieb, sondern »der Vorgeschrittene«? Die maliziöse Begründung, der angehende Könner entwickle sich und laufe nicht davon, dürfte stichhaltig sein.

Gewinntips

Guter Rat ist billig. Er lautet: Sei schlau. Sei pfiffig. Sei durchtrieben. Sei notfalls sogar weise. Kurz gesagt: Sei vernünftig. Mit geballter Vernunft wirst du die Partie gewinnen. Zahllose Menschen, zumal unmoralische, wollen vernünftig sein. Schon wer versucht, einen lieben Freund hereinzulegen, wird auf die Vernunft große Stücke halten. Alle, die schwindeln, schummeln, mogeln, Schmu machen oder betrügen, mithin dem Imperativ gehorchen, sich nicht erwischen zu lassen, sind zu reger Geistestätigkeit verpflichtet. Für diese hält die deutsche Sprache – und sie wird wissen, warum – Ausdrücke von berückender Anschaulichkeit parat: Übers Ohr hauen, über den Löffel balbieren, übern Tisch ziehen, aufs Kreuz legen, aufs Glatteis führen, Sand in die Augen streuen. Die Gelegenheiten, bei denen sich des Verstandes Schärfe zu bewähren hat, reichen von der plausiblen Lüge bis zum perfekten Mord. Anders als die schlichte Wahrheit, die einzugestehen oft folgenreich, doch selten schwierig ist, bedarf die Lüge, um glaubhaft zu wirken, der intellektuellen Präzision. Jener perfekte Mord, der sich vom stümperhaften dadurch abhebt, daß ihn die Leute und mit ihnen der Staatsanwalt für einen Unfall oder das natürliche Ende eines Lebens halten, setzt besondere Geistesgaben voraus. Auch Tyrannen lehnen es ab, ihre Herrschaft durch Unvernunft zu gefährden. Jedem Halunken steht die Vernunft zu Diensten, weshalb ein deutscher Reformator behauptet hat, sie sei eine Hure. In die sittsame Sprache der Philosophie übersetzt heißt das, die Vernunft sei instrumental. Dieser Auffassung kann sich jeder anschließen, der die unsichtbare Kraft nicht mißgünstig, aber kritisch betrachten möchte. Nur herzensgute Menschen, die sich damit abgefunden haben, daß aus ihnen nichts wird, kommen mit verhältnismäßig wenig Vernunft aus. Wer auf dem schäbigen, unordentlichen, nicht viereckigen, nicht in 64 Felder eingeteilten Boden der Tatsachen steht, gewahrt irgendwann, daß die Vernunft zwar eifrig beschworen wird, über sie aber keine Einigkeit besteht. Politische Parteien zum Beispiel bringen es fertig, zwei unterschiedliche Prozeduren, ja zwei verschiedene Ziele für jeweils höchst vernünftig zu halten. Zum Nachweis der Vernünftigkeit werden mit Vorliebe Vernunftgründe angeführt, was zu einem argumentativen Chaos und dazu führt, daß verständigen Individuen Hören und Sehen vergeht. Wohl ihnen, wenn sie rasch zum Schachbrett greifen können. Wer von zwei vernunftbegabten Wesen am vernünftigsten handelt, stellt sich dann schnell heraus, meistens schon im Mittelspiel, und das in stilvoller Stille, ganz ohne Rede und Gegenrede, Sprüche und Widersprüche. Wird einer mattgesetzt, wird er wohl etwas falsch gemacht haben.

Die Vernunft ist, obwohl Personen sie besitzen müssen, unpersönlich. Die richtige Zeit, das zu kapieren, sind die Flegeljahre, in denen der Mensch, was er einsieht, nicht einsehen möchte, in denen er, was er wollen müßte, partout nicht will. Emanuel Lasker kapierte es nicht nur als unreifes Bürschchen, sondern auch als Weltmeister, der er von 1894 an stolze 27 Jahre lang war. Er sagte sich, daß ihm beim Spiel nicht nur ein Inhaber von Gehirnzellen, sondern auch ein Eigentümer von Nervensträngen gegenübersitze, und schloß daraus, daß der Gegner zwar vernünftig sei, aber eben nicht nur. Eingebildet sei er auch – oder zaghaft. Vielleicht traue er sich zuviel zu, vielleicht zuwenig. Möglicherweise verfüge er über viel Verstand, doch außerdem über soviel Ehrgeiz, daß dieser in entscheidenden Augenblicken den Verstand verdränge. Sollte sich jemand gern in Sicherheit wiegen – nun gut, dachte Lasker, lullen wir ihn ein! Sollte ein anderer nach Komplikationen lechzen – auch gut, schüren wir seinen Feuereifer solange, bis er zum Übereifer wird! In Schillers ›Maria Stuart‹ ist von einem feinen Plan die Rede, einem so fein zugespitzten, daß die Spitze brach. Solche Pläne gönnte Lasker seinen Widersachern von ganzem Herzen. Oft glaubten sie zu gewinnen und waren schon verloren, was zuweilen zu der Unterstellung führte, Lasker überliste seine Spielgefährten durch Magie. Natürlich war er kein Zauberer, sondern ein Anhänger der Vernunft, aber mehr der praktischen als der reinen. Auf die uralte Frage nach dem besten Zug gab er die Antwort, der hänge vom Gegner ab. Manche Zeitgenossen glaubten nicht recht zu hören, worauf der Weltmeister sie bat, sich zwei Züge vorzustellen, einen goldrichtigen, auf den jedoch jeder Meister vorbereitet sei, und einen zwar nicht miserablen, aber doch ungewöhnlichen, der den Gegner, welcher immer ein ganz bestimmter Gegner sei, aus dem Konzept und aus der Ruhe bringe. Lasker liebte den zweiten Zug, gewann dadurch innere Sicherheit und ein Überlegenheitsgefühl, das der Dämpfung durch Karl Schlechter bedurfte.

So hieß ein Österreicher, der seinem Nachnamen selten Ehre machte. Er war der Herr vieler Register, vor allem aber ein routinierter Verteidiger, ein hochbegabter Abwiegler, der Remis-Kaiser Europas, ein friedfertiger Erfolgsmensch und für Schachfreunde, die auf dem Brett Tod und Teufel sehen wollten, eine grundsolide Enttäuschung. 1910 forderte er Lasker zu einem Wettkampf über zehn Partien heraus, der in Wien und Berlin ausgetragen wurde. Einem ersten und zweiten folgte ein drittes und viertes Remis. Für Lasker, den Obermeister der psychologischen Kriegführung, war das kein Ruhmesblatt, doch wußte er, daß er nach zehn schmählichen Remisen wenigstens seinen Weltmeistertitel offiziell würde behalten dürfen. Mit diesem Wissen verlor er plötzlich die fünfte Partie. Derlei passiert den besten Spielern, doch regt es sie nicht weiter auf, weil sie die Kraft verspüren, solche Scharten auszuwetzen. Lasker aber regte sich auf, denn diese Kraft schien ihm abhanden gekommen zu sein. Die Psychologie ließ ihn im Stich. Wie einen Denker packen, der nirgends zu packen ist? Es kam die zehnte Partie und damit die neunte, in der Schlechter ohne weiteres hätte remisieren können, was ihm den Titel eingebracht hätte. Doch wider alle praktische Vernunft, vor allem wider seine eigene Natur wurde er leichtsinnig, wollte überflüssigerweise gewinnen und verlor. Mit dieser Überraschung, mit Gleichstand also und einer formalen Bestätigung Laskers endete ein Witz von einem Weltmeisterschaftskampf.

Wem aber ist es überhaupt vergönnt, Emanuel Laskers Rat zu folgen und die Psyche eines Gegners zu durchdringen? Schließlich liegt der nicht auf der Couch des Psychiaters, sondern sitzt auf einem Stuhl des Vereins. Großmeister behelfen sich mit Werkanalysen, indem sie ihren künftigen Gegnern nicht in die Augen schauen, sondern deren bisherige Partien studieren. Die Geistesprodukte gewöhnlicher Figurenschieber sind jedoch nie in Druck gegangen. Einem einzigen Menschen allerdings vermag jeder auf die Schliche zu kommen, dem nämlich, zu dem er »ich« sagt. Auf dem Tempel des Apollo in Delphi stand geschrieben, was von den Griechen oft und von philosophierenden Nichtgriechen noch öfter zitiert wurde: »Erkenne dich selbst.« Leicht gesagt – und, Lust und Laune vorausgesetzt, sogar leicht getan. Jeder kennt sich durch und durch, und das von Kindheit an. Vor sich selbst hat niemand Geheimnisse. Sollte das gepriesene Studium bislang vermieden worden sein, kann es stets und überall aufgenommen werden: im Bett, im Zug, im Stau, im Wald. Jeder hätte die Macht und die Möglichkeit, sich selbst zu durchschauen, doch Lust dazu hat kaum jemand. Alle haben Angst vor unangenehmen Überraschungen bei der Ergründung eigener Seelenschichten. Der normale Mensch meint deshalb, mit der Außensicht möge es sein Bewenden haben. Da ist er Demokrat, Steuerzahler, Verkehrsteilnehmer und Besitzer einer ihm von vornherein zugebilligten Menschenwürde. Die Innensicht jedoch könnte Unwürdigkeit, Armseligkeit und Wirrnis offenbaren. Vielleicht verweist die Tempelinschrift nur auf die Lehre von der Leere.

Trotzdem muß der halbwegs ehrgeizige Schachspieler sich einmal innerlich erkundigen, womit es bei ihm hapere. Vielleicht kann er nur drei Züge vorausberechnen und nicht vier. Dann soll er sich keine grauen Haare wachsen lassen und versuchen, ganze zwei Züge geistig zu erfassen, die aber fehlerfrei, denn ohnehin ist das Hexeneinmaleins der Großmeister zur Hälfte ein Branchenmärchen. Oder unser Freund hat vom Positionsspiel keine Ahnung. Dann soll er keine Minderwertigkeitskomplexe bekommen, sondern seine kleinen Bauern betrachten und sich fragen, ob sie vereint sind oder getrennt, und wenn vereint, ob sie eine starre Kette bilden oder eine elastische. Möglicherweise ist der Mann eine Ausnahmeerscheinung und dürstet nach Schönheit auf dem Brett. Dann soll er stolz auf sich sein und nach einem harmonischen Zusammenspiel seiner Leicht- und Schwerfiguren trachten. Oder er ist eine trübe Tasse und legt gerade deshalb Wert auf Temperamentsausbrüche. Dann wäre ihm beizubringen, daß hinter vorsichtigen Schachspielern beherzte Männer stecken und hinter waghalsigen Kombinatorikern defensive Autofahrer, daß also Spiel und Leben zu trennen sind, jedoch auch im Schachspiel die Leidenschaft mehr Leiden schafft als die dürre Überlegung. Aber lustig ist die Selbsterkenntnis kaum. Denn das Problem des geplagten Spielers ist nicht nur der gelegentliche Sieg, sondern die häufige Niederlage.

Ein beliebtes Rezept scheint die Vorbereitung durch Nichtvorbereitung zu sein. Vor einer wichtigen Partie geht der Spieler spazieren, schafft Ordnung in seinem Kleiderschrank oder sucht das Gespräch mit Personen, die sich nur für ihren Schrebergarten interessieren. Bewußte Unterlassungen erfordern jedoch ebenso Routine wie bewußte Taten. Wer ungeübt ist und nicht an

Schach denken möchte, tut es gerade deshalb, denn andauernd fällt ihm ein, daß er nicht daran denken wollte. Da es mit der geistigen Entkrampfung nicht gleich klappt, entkrampft er sich immer krampfhafter und ist zum Schluß verkrampfter als je zuvor. Nichts macht so nervös wie die Unterdrückung der Nervosität oder der Gedanke an den herbeigesehnten und am Brett auch wirklich erforderlichen Gleichmut. Bei höheren Ansprüchen muß es sogar ein altgedienter und kampferprobter Gleichmut sein, denn nur er taugt zur Stellungsbeurteilung. In glücklichen Augenblicken gewahrt der Spieler, daß wirklich kein Schleier die Steine verhüllt, die des Angriffs harren, und sich auf die den Gewinnweg markierenden Felder tatsächlich kein Mehltau gelegt hat. Der Spieler hat, was er braucht, vor seiner Nase, nicht minder als die Polizisten bei Roald Dahl.

Eine seiner Erzählungen endet so: In der Wohnung des Opfers, dessen Schädel zertrümmert worden ist, laben sich britische Kriminalbeamte an einer Lammkeule. Die weibliche Hauptfigur, seit einigen Stunden Witwe, hatte den Männern eine Stärkung zugedacht, wohl wissend, wie hungrig die vergebliche Suche nach dem Mörder macht – und die nach der Tatwaffe, einem zweifellos wuchtigen, offenbar keulenartigen Gegenstand. Beim Verzehr der frisch aus dem Ofen gekommenen Fleischspeise mutmaßt einer der Esser, wahrscheinlich hätten sie das geheimnisvolle Ding unmittelbar unter ihrer Nase. So war es denn auch, sehr zur Zufriedenheit der Mörderin. Die Polizei beseitigte das wichtigste Beweismittel, das Tatwerkzeug, indem sie es vertilgte. Sie »sah« nicht, was sie vor sich hatte. Genau das darf einem guten Schachspieler nie passieren. Endlich ist dieser dahin gekommen, daß er nicht immer nur scharf denken und genau rechnen muß. Er sieht. Er betrachtet Weiß und Schwarz und sieht. »Haben Sie das nicht gesehen?« lautet die von höhnischem Mitleid getragene Standardfrage an den einer Eselei überführten Grübler. Dieser gäbe sich vollends der Lächerlichkeit preis, erwiderte er, seine Kombination sei lückenhaft gewesen. Es ergeben sich Situationen, da kombiniert der Könner nicht. Er sieht. Sein Blick fällt nicht nur auf Figuren, sondern auch auf deren Achillesfersen, braucht sich also nicht nach Dilettantenart in die Zukunft zu richten. Er sieht, was schon auf dem Brett ist: jenen Turm in seiner Anfälligkeit und diese Dame in ihrer Verwundbarkeit.

Als Bobby Fischer und Boris Spassky auf Island um die Weltmeisterschaft stritten, spielten sie nicht immerzu. Die sachverständigen Zuschauer hatten viel Freizeit in Reykjavik. Einmal spielten zwei miteinander und erregten die Aufmerksamkeit des Exweltmeisters Euwe. Dieser trat hinzu und sah. Er sah im Nu, daß die langweilige Stellung seine Aufmerksamkeit nicht verdiente, daß folglich zwei Stümper tätig waren, und wandte sich mit leerem, weil höflichem Blick ab. Eine kleine, alltägliche Szene. Schach verlangt Reife, doch das Motto für die Prominenz wäre einem Kindervers zu entlehnen: »Ich sehe was, was du nicht siehst, und das ist Matt.«

Klick

Es liegt nahe, das letzte Kapitel der Zukunft zu widmen. Auf den Gedanken, drei oder tausend oder tausendunddrei Feststellungen mit einem Ausblick abzuschließen, sind schon viele Verfasser gekommen und werden sicher noch weitere verfallen. Denn der schlechte Prophet tut sich leichter als der schlechte Historiker. Während diesem schnell nachgewiesen werden kann, daß Napoleon nicht vor Moskau starb, sondern auf einer Insel im Ozean, sind anspruchsvolle Voraussagen erst dann zu überprüfen, wenn jeder sie vergessen hat. In der Regel genügt ein Hauch von Plausibilität und eine Spur Wahrscheinlichkeit. Der Versuchung, sich diese günstige Konstellation zunutze zu machen, erliegt fast jeder Autor.

Viele sehen, wenn sie ins Blaue hinein phantasieren, schwarz. Das sind Denker mit guter Konstitution, starken Nerven und funktionierendem Stoffwechsel. Andere Personen können sich die systematische Trübsalblaserei kaum leisten. Individuen mit Haltungsschäden, Durchblutungsstörungen und seelischen Nöten neigen zum Optimismus. Hoffnung ist ihr Lieblingswort. Die wahre Meinung der Menschen über die Männer, über die Frauen, über dies und über jenes und somit auch über die Zukunft verrät sich indes nicht im Geflunker, sondern in Handlungen. An diesen nun ist unschwer zu erkennen, daß der denkende Teil der Menschheit der Zukunft nicht über den Weg traut. Denn er sorgt vor und verhütet. Die

Leute rechnen damit, krank, alt und schließlich beides zu werden. Sie glauben, eines Tages überfahren oder überfallen oder übervorteilt zu werden. Die Beobachtung, daß Deutschland das Land der Versicherungen ist, erübrigt alle Diskussionen über das Prinzip Hoffnung. Krösusse wappnen sich gegen die Zukunft mit Alarmanlagen, Sicherheitsbarrieren und Leibwächtern. Ein ausgeklügeltes Vertragswesen schützt die Partner vor den Partnern und die Ehepaare vor der Ehe. Einfach in den Tag hineinzuleben traut sich vor lauter Zukunftsangst kein Mensch mehr.

Die Skepsis ist insofern berechtigt, als die Zukunft bereits bewiesen hat, daß sie nicht besonders viel taugt. Der Beweis liegt in der Vergangenheit, die überschaubar und früher einmal Zukunft gewesen ist. Alles, was scheußlich, widerlich, lästig, unangenehm oder sonstwie nicht nach unserem Geschmack war, lag, bevor es sich ereignete, in der Zukunft. Hätten die Völker nach abgeschlossener Völkerwanderung geahnt, was ihnen blühte, wären sie vielleicht weitergewandert. Hätten im Jahr 1900 die Europäer sich das 20. Jahrhundert richtig vorgestellt, hätten sie es weniger stürmisch begrüßt. Nach den schlechten Erfahrungen, die bisher mit der Zukunft gemacht worden sind, empfiehlt es sich, sie auf sich beruhen zu lassen.

Die Kaffeesatzleser und Wetterfrösche geben jedoch keine Ruhe. Ihr Trick ist, Entwicklungen, also stockende, von stutzenden Menschen wahrgenommene Vorgänge, zu Entwicklungslinien zu stilisieren und diese bis in die nähere Ewigkeit zu verlängern. Der Schachzukunftsforscher schaut deshalb auf die Schachcomputer. Nach ihnen hatte sich eigentlich niemand gesehnt. Auch wurde das Bedürfnis nach ihnen nicht geweckt, denn geweckt werden kann nur, was schon da ist, zum Beispiel Dornröschen. Vielmehr wurde das Bedürfnis zwecks Befriedigung erfunden. Während die Industrie die Marktlücke öffnete und füllte, bekamen die Schachspieler indirekte Komplimente zu hören. Es wurde so getan, als repräsentiere ihr Kombinationstalent den Menschengeist, der in einem säkularen Kampf mit dem Maschinengeist begriffen sei. Was, wenn der schlaueste Schachcomputer den schlauesten Schachspieler schlagen würde? Sollte sich »der« Mensch dann in Grund und Boden schämen oder nur resignierend am Kopf kratzen? Die Sache war von Anfang an ein liebenswürdiger Schwindel. Nach altem Brauch bekämpfte der Menschengeist nur sich selbst, denn in Wahrheit waren es die Elektroniker und nicht die Apparaturen, die den stärksten Schachspieler zu bezwingen gedachten. Einer jener Techniker, ein Engländer, sagte schon zu Beginn seiner Bemühungen ganz richtig, den Menschen brauche die Überlegenheit der Maschine nicht zu beunruhigen, leide doch auch ein Sprinter nicht darunter, daß ein Rennwagen die hundert Meter schneller bewältige als er.

Siehe die Strampeltour de France. Mit gedrosselter Geschwindigkeit begleiten dicke Automobile die sich plagenden Radfahrer und erzeugen bei den Sportlern keinerlei Minderwertigkeitskomplexe. Ein solcher Wagen, hätte er freie Fahrt, käme wesentlich schneller die Pyrenäenstrecke hinauf – na und? Seltsam, daß dieses »Na und?« nicht auch alsbald in der Schachwelt widerhallte. Es hallte nicht wider, weil die Leute vor intelligenten Fachsimpeln und somit auch Elektronikern innerlich den Hut ziehen. Sie sollten diesen aber konsequent ziehen und annehmen, daß die in Massen auftretenden Spezialisten, Angehörige zweckdienlich ausgerüsteter Firmen und Empfänger angenehm hoher Gehälter, binnen kurzem in der Lage gewesen wären, den turmhoch überlegenen Computer eins, zwei, drei zu konstruieren. Kaiserin Technik wird doch wohl noch einen Erdenwurm von Weltmeister zu überlisten wissen! Wahrscheinlich befürchteten die Firmen, die Apparate könnten bei rascher Beseitigung ihrer Fehler, also nach baldigem Verlust ihrer Menschenähnlichkeit, für zahlende Menschen uninteressant werden. Unnötige Sorge. Ein absoluter Besserwisser kommt zwar nicht mehr als Herausforderer in Frage, wohl aber als Sparringspartner und Zuchtmeister. Siehe den guten alten Bildungsbürger. Er hatte nichts dagegen, wenn sein vierundzwanzigbändiges Konversationslexikon, das er gelegentlich zu Rate zog, beschlagener war als er.

Auch der Schachcomputer rechnet. Er rechnet unermüdlich und mit Lichtgeschwindigkeit. Einerseits berechnet er die Auswirkungen jener sinnlosen Züge, die der routinierte Spieler von vornherein verwirft, andererseits entdeckt er nützliche Zugfolgen, die selbst sehr guten Großmeistern verborgen geblieben wären. Der Computer rechnet und rechnet – und offenbart auf dem Bildschirm, wie und was er rechnet. Gerade davon sieht der Schachspieler wohlweislich ab. Schon als der Erdenkloß geformt wurde, geschah das unter Respektierung des späteren Wunsches, eigene Gedanken zu verbergen. Deshalb kamen diese in einen Tresor, der Schädel genannt wurde und zuweilen einen abschreckenden Anblick bot. Für die wenigen zur Veröffentlichung geeigneten Gedanken wurde die Sprache erfunden, allerdings eine, mit der sich der Inhalt des Tresors verändern und verfälschen ließ. Seitdem profitieren Lügner, Heuchler, Schmeichler und Schachspieler von der Unsichtbarkeit geistiger Abläufe.

Die Devise »Trial and error«, von dem einen oder anderen Philosophen wärmstens empfohlen und deutschen Nichtphilosophen seit langem in der Fassung »Probieren geht über Studieren« bekannt, ist nichts für seriöse Schachspieler. Aufs Geratewohl zu handeln, wäre im Turnier ihr Verderben. Über das Brett gebeugt, geben sie den Kiebitzen zu verstehen, daß ihnen die Eitelkeit fehlt, den raschen Durchblick vorzutäuschen, sie vielmehr keine Geistesqual scheuen, der Unwiderruflichkeit des nächsten Zuges die entsprechende Qualität hinzuzufügen. Spielkamerad Computer hingegen animiert zur Fahrlässigkeit. Den Zug zurücknehmen? Aber bitte sehr, klick. Fünf Züge zurücknehmen? Bitte sehr, klick. Oder gleich eine ganz neue Partie? Bitte sehr, klick.

Computerbenutzer huldigen dem Zeitgeist. Seit Jahrzehnten besteht die Grundausstattung des zivilisierten Menschen aus dem WC, seit Jahren auch aus dem PC. Den Individualisten erfreut es, daß etlichen Schachspielern, ihrem Selbstverständnis nach Verstandesmenschen, die gesellschaftliche Bedeutung ihres Spiels gleichgültig ist. Allerdings betrübt es ihn, daß sich diese Gleichgültigkeit nicht unter allen Umständen wird aufrechterhalten lassen. Einen Computer erhält der Spieler nur bei entsprechender Marktlage. Einen menschlichen Gegner findet er nur, wenn die Bevölkerung, in der er lebt, solche Gegner hervorbringt. In Mitteleuropa ist die Situation leidlich gut, könnte also besser sein.

Junge Dynamiker, smarte Kerlchen mit Schlips, Bügelfalte und Aktenkoffer, machen immer noch Karriere, ohne vom Schach etwas zu verstehen. Nach wie vor ziehen Mädchen mit Mannequin-Figur das Wochenende auf dem Segelboot einem zweimal vierstündigen Aufenthalt im Turniersaal vor. Bei uns ist Schach nicht Mode – und war es nie. Bei aller scheuen Hochachtung, die dem Spiel zuteil wird, genießt es den zweischneidigen Ruf, ziemlich intelligent zu sein. Schach wird sich erst durchgesetzt haben, wenn ein zum Vorstellungsgespräch eilender Aufsteigertyp den Rat seiner Liebsten im Ohr hat: »Laß dir bloß nicht anmerken, daß du von Schach nichts verstehst.« Dann müßte auch eine Lady zu ihrer Freundin sagen: »Kommst du zu meiner Party morgen abend? Zwanzig Leute mindestens werden dasein. Hoffentlich gehen mir die Schachbretter nicht aus.« Und ein Vorstandsmitglied sollte geliefert sein, wenn in der Hauptversammlung ein Aktionär erklärte: »Der Mann ist doch unmöglich. Wir alle haben in der Zeitung gelesen, daß er gegen einen kleinen Sachbearbeiter verloren hat, und das auch noch mit Weiß.«

Turnier! Die Schachspieler sprechen tatsächlich von »Turnieren«. Vorbild waren die Ritterturniere, die außer Mode kamen, nachdem 1559 die Lanze des Grafen von Montmorency dem französischen König Heinrich II. ins Auge gedrungen war und dort einen tödlichen Splitter hinterlassen hatte. Turnierteilnehmer trugen bestimmte Farben. Jener Heinrich hatte sich für Weiß und Schwarz entschieden – nein, nicht des Schachspiels wegen, sondern weil es die Farben der Diane de Poitiers waren, einer schönen Witwe, die er verehrte. Zu den mittelalterlichen Turnieren waren viele Ritter in Rüstung erschienen, doch ebenso mit einem Schleier oder einem Hemdchen mit dem Haar- oder Körpergeruch der geliebten Frau. (Für Schachspieler sei angemerkt, daß niemand von ihnen je verlangen wird, eine Rüstung anzulegen.) Seinerzeit erschien auf einer Gesellschaft eine hohe Frau, gehüllt in ein zerrissenes, blutbeflecktes Gewand. Das Gewand gehörte ihr, die Risse stammten von einem Zweikampf, das Blut von ihrem Verehrer, der es im Turnier vergossen hatte. Wie wäre es, wenn demnächst eine Frau in einem unpassenden, nicht unbedingt blutbefleckten Hemd aufkreuzte und erklärte, ihr berühmter Freund habe es vorgestern bei seinem sagenhaften Mattangriff getragen? Dann wäre Schach populär. Solange die Damen nicht mitmachen, könnte wenigstens, wie im Mittelalter, am Ort eines jeden größeren Turniers ein Gedenkstein aufgestellt werden.